Da bin ich mir sicher.

DAHEIM IN Österreich KOCHBUCH

100 abwechslungsreiche Rezepte aus ganz Österreich

WIE WIR.

» REZEPTTIPPS UND INSPIRATIONEN

HOFER genusswelt
MEINHOFER.AT/GENUSSWELT

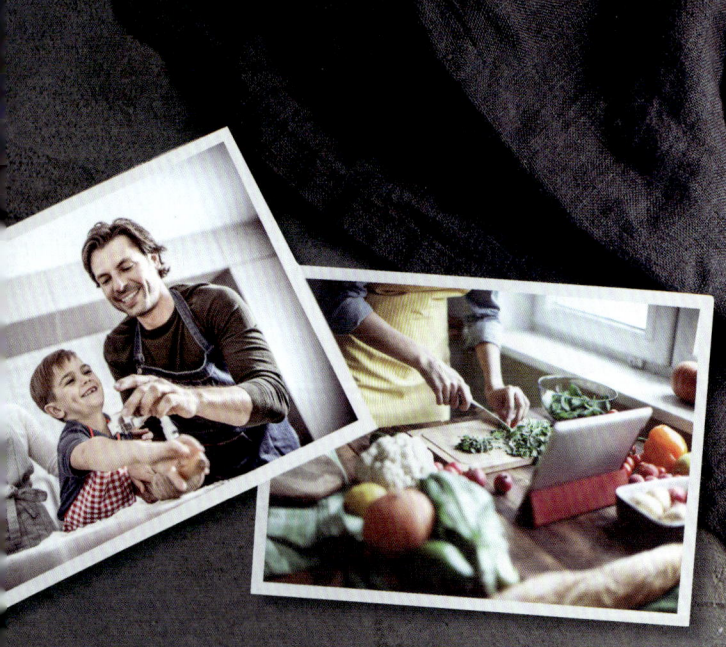

Ein Netz voller Genüsse

WAS KOCHE ICH MORGEN? WELCHES VEGETARISCHE GERICHT SOLL ICH HEUTE ZAUBERN? WELCHEN KUCHEN KANN ICH SCHNELL ZUBEREITEN, WENN SICH ÜBERRASCHEND BESUCH ANKÜNDIGT?

Die Genusswelt gibt es für alle, die gerne digital unterwegs sind, auch online! Dort finden Sie nicht nur einen Teil der Rezepte aus diesem Kochbuch, sondern noch viele weitere Inspirationen. Die Plattform **meinhofer.at/genusswelt** ist der virtuelle Treffpunkt für alle, die noch mehr Rezeptideen, Inspirationen sowie Tipps und Tricks entdecken möchten.

MEINHOFER.AT/GENUSSWELT

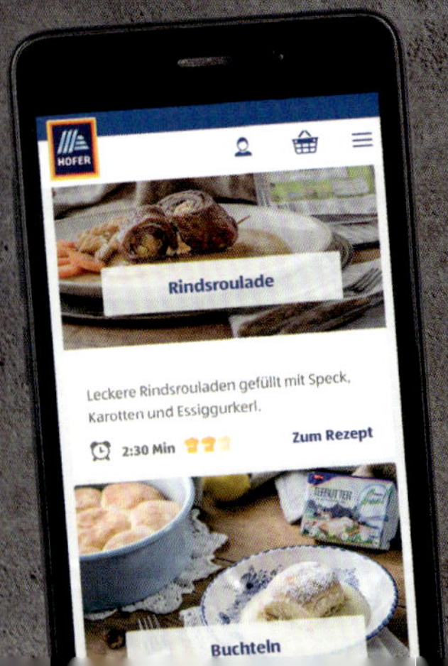

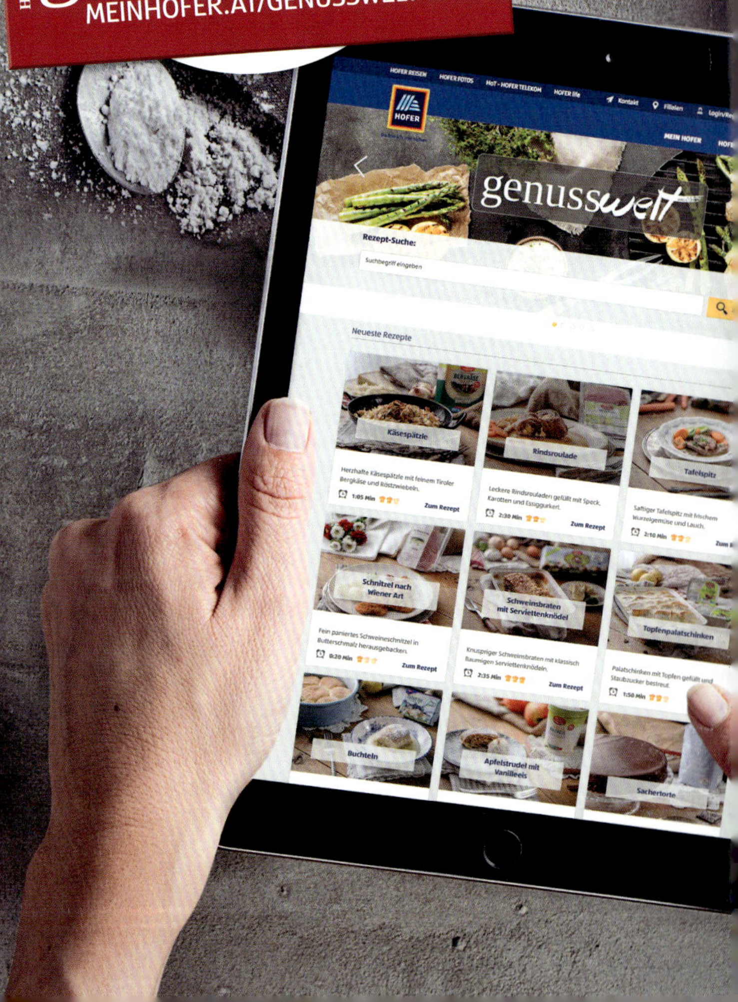

Inhaltsverzeichnis

VORSPEISEN UND BEILAGEN

Polenta-Schafskäseterrine

Terrine
180 g feine Polenta
1 EL gehackte getrocknete Tomaten
80 g in Würfel geschnittener Schafskäse
1 EL gehackte Petersilie
1 EL feinst gehackte weiße Zwiebel
2 EL kalt gepresstes Olivenöl
250 ml Wasser
180 ml Rindssuppe oder Gemüsefond
1 Prise Muskatnuss
1 Prise Salz und Pfeffer
2 Eier
Kastenform, mit Klarsichtfolie ausgelegt
feuerfeste Schüssel mit Wasser

Tomatensoße
½ fein gehackte rote Zwiebel
1 fein gehackte Knoblauchzehe
2 EL kalt gepresstes Olivenöl
1 EL Zucker
1 Prise Salz und Pfeffer
800 g passierte Tomaten
1 Lorbeerblatt
1 EL Maizena

Terrine: Die fein gehackten Zwiebeln in Olivenöl glasig anschwitzen. Danach die Polenta dazugeben und mitrösten. Mit Wasser und Rindssuppe oder Gemüsefond aufgießen. Die Polenta etwa 15 Minuten lang fertig kochen und so lange rühren, bis eine cremige Konsistenz entsteht.

Danach die geschnittenen getrockneten Tomaten, gehackte Petersilie, Schafskäsewürfel und Eier vorsichtig unter die Masse heben. Mit Salz und Pfeffer würzen. Jetzt die Polentamasse in die mit Folie ausgelegte Kastenform füllen. Bei 90 °C etwa 40 Minuten in den Backofen stellen. Köchin Nora Gregoritsch empfiehlt, ein feuerfestes Schüsserl mit Wasser in den Ofen zu stellen, damit sich Dampf bilden kann.

Danach die Terrine abkühlen lassen und stürzen. In ca. 1 cm dicke Scheiben schneiden und in etwas Olivenöl knusprig anbraten. Mit der Tomatensoße und frischem Gemüse anrichten und genießen.

Tomatensoße: Für die Tomatensoße die fein gehackte Zwiebel in etwas Olivenöl gold-gelb anrösten. Danach den Knoblauch und den Zucker dazugeben und karamellisieren lassen. Mit den passierten Tomaten aufgießen. Anschließend mit Salz, Pfeffer und dem Lorbeerblatt abschmecken. Falls mehr Bindung erwünscht ist, Maizena in etwas kaltem Wasser auflösen und die Soße eindicken, kurz aufkochen.

Frühlingsgemüse: Verschiedene Gemüsesorten der Saison – Karotten, Lauch, Kohlsprossen, Champignons, Paprika oder dergleichen – je nach Belieben in gleichmäßige Stücke schneiden, in etwas Olivenöl anrösten und mit Salz, Pfeffer und frischen Gartenkräutern abschmecken.

Wurstsalat

Wurstsalat für 1 Person
6–8 Scheiben Extra-
  wurst
3 Scheiben Emmentaler
Zwiebel

Marinade (ca. 1½ l)
0,75 l Rindssuppe, leicht
  mit Maizena gebunden
0,25 l Wasser
0,4 l Öl

0,125 l Hesperiden-Essig
0,25 l Mayonnaise
Senf
Zitronensaft
Salz, Pfeffer
gehackter Knoblauch
Zucker
Worcester-Soße nach
  Geschmack

Wurst, Käse und Zwiebel fein schneiden. Die Zutaten für die Marinade mit einem Stabmixer gut verrühren und dann unterrühren. Den Wurstsalat mit etwas Salat, Gurke und Paprika auf dem Teller garnieren.

Ein Tipp! **Für den rohen Genuss eignet sich rote Zwiebel besser. Sie ist bekömmlicher und hinterlässt auch einen angenehmeren Atem.**

Frühlingssalat mit Spargel und Ei

ca. ½ Bund Spargel
gemischter Salat: Vogerlsalat,
  Rucolasalat, grüner Salat
4–5 Radieschen
2 Paprika (rot und gelb)
2 hart gekochte Eier
½ Bund Schnittlauch
150 g Schinken (Oster- bzw.
  Beinschinken)
Zitronensaft
Öl
Mayonnaise
Sauerrahm
Salz, Pfeffer
Zucker

Spargel, Radieschen und Paprika schneiden – er bringt etwas Farbe ins Spiel. Schinken in Würfel schneiden. Das Ganze in einer Schüssel mit dem Salat durchmischen. Für das Dressing am besten selbst gemachte Mayonnaise und Sauerrahm verwenden, mit Pfeffer, Salz und Zucker abschmecken.
Den Salat und das Dressing durchmischen. Die hart gekochten Eier schälen und in Viertel schneiden, auch den Schnittlauch schneiden. Zu guter Letzt den Salat mit den geviertelten Eiern, Schnittlauch und rohen Spargelspitzen garnieren – fertig ist das frühlingshafte kulinarische Kunstwerk.

Ein Tipp! „Für das Anrichten auf dem Teller den Salat am besten immer hoch anrichten, das lässt ihn für den Gast noch appetitlicher erscheinen. Und man isst ja schließlich auch immer mit dem Auge", so Junior-Sous-Chef Sascha Wiedrum.

Der Jägerwirt  Bergheim

Bärlauchcremesuppe mit Bröselknöderln

Bärlauchcremesuppe
300 g Bärlauch
3 Kartoffeln
3 Knoblauchzehen
2 Zwiebeln
1 l Gemüsesuppe
300 ml Schlagobers
Butter
Salz
weißer Pfeffer

Bröselknöderl
100 g Brösel
30 g Butter
1 Ei
4 EL Milch
Salz
Muskat
fein gehackte Petersilie

Bärlauchcremesuppe: Den Bärlauch gründlich waschen, abtrocknen und von den groben Stielen befreien. Die Blätter grob zerschneiden oder hacken. Die Zwiebeln schälen und klein würfeln. Die Kartoffeln schälen, waschen und ebenfalls klein würfeln.

Dann die Butter in einem breiten Topf zerlassen, die Zwiebeln darin bei mittlerer Hitze glasig braten. Den Bärlauch und die Kartoffeln einrühren und mitanschwitzen, dann mit der Gemüsesuppe ablöschen. Zugedeckt 15 Minuten köcheln lassen, bis die Kartoffeln gar sind.

Die Suppe im Mixer pürieren und zurück in den Topf gießen. Schlagobers einrühren und die Suppe wieder aufkochen lassen. Mit Salz und Pfeffer abschmecken.

Bröselknöderl: Semmelbrösel mit Milch befeuchten. Butter und Ei schaumig rühren, mit Salz und Muskat würzen, das Mehl beimengen und mit der Bröselmasse vermischen. Die Petersilie in Butter kurz anschwitzen und ebenfalls in die Bröselmasse geben, alles kurz rasten lassen. Kleine Knödel formen und in Salzwasser 5 Minuten leicht kochen.

Kräutersuppe mit Wildkräuterschöberl

Suppe
250 ml Weißwein
¼ Zwiebel, genauso viel Lauch
750 ml Gemüsefonds
2 EL Butter
250 ml Obers
20 g kalte Butter, in kleine
  Stückchen geschnitten
Salz, Pfeffer
je nach Geschmack: Erdäpfel,
  Petersilwurzel, Sellerie
Liebstöckel, Bohnenkraut,
  Giersch, Petersilie, Schnittlauch, Bärlauch, Brennnessel

Wildkräuterschöberl
4 Eier
120 g Dinkelmehl
Salz
gehackte Wildkräuter

Suppe: Für die Suppe Zwiebel und Lauch fein würfelig schneiden und in der Butter leicht andünsten. Die Zwiebel und der Lauch dürfen nicht zu dunkel werden, damit man eine schöne helle Suppe erhält. Dann das restliche Gemüse hinzugeben und dünsten. Mit Weißwein ablöschen und auf die Hälfte einreduzieren lassen.

Die Suppe aufgießen und wieder um circa ⅓ zusammenkochen lassen. Mit Salz und Pfeffer abschmecken und von den Kräutern jeweils ½ Teelöffel beimengen. 5 Minuten ziehen lassen, mit Obers aufgießen und aufkochen. Anschließend am besten mit einem Mixstab pürieren.

Wildkräuterschöberl: Eier trennen, Schnee schlagen, Dotter, Salz, Dinkelmehl und gehackte Wildkräuter vorsichtig beimengen. Im vorgeheizten Rohr bei 200 °C etwa 7 Minuten backen. Die flaumige Masse noch heiß in Schöberl schneiden. Nun die eiskalten Butterstückchen in die Suppe rühren, nochmals abschmecken und gleich mit den Schöberln servieren.

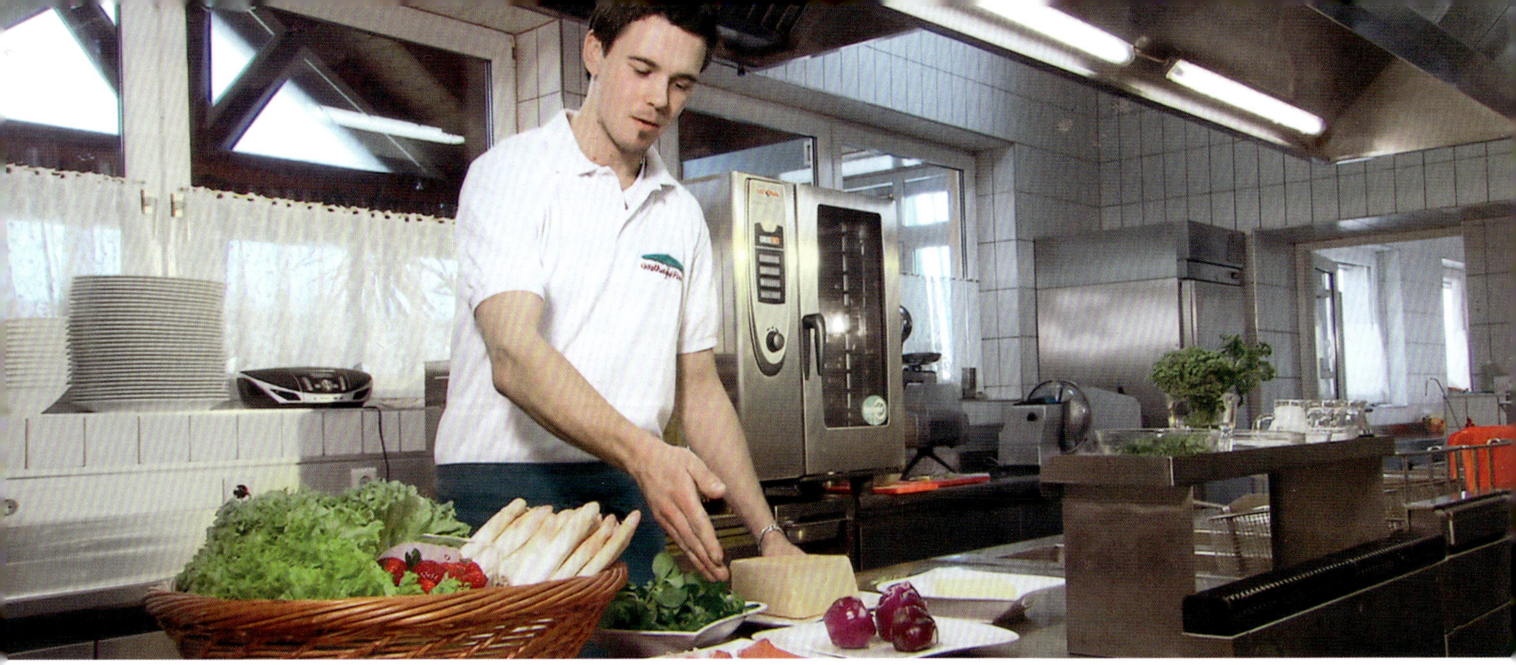

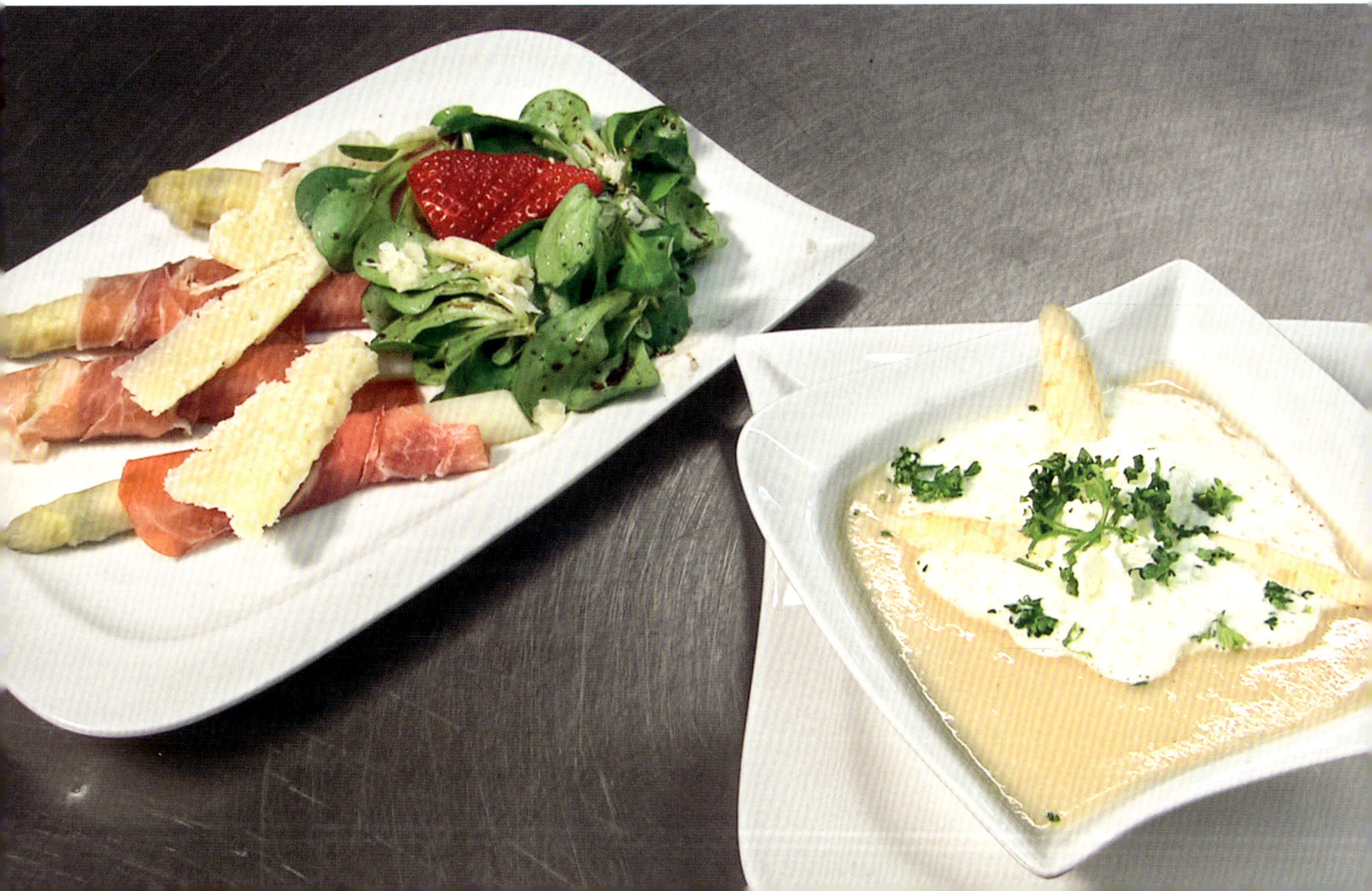

Spargelcremesuppe mit Vogerlsalat

Zutaten für 2 Personen
2 Bund Spargel
Vogerlsalat
8–10 dünne Scheiben Rohschinken
1 Stück Parmesan
1 kleine Zwiebel
Salz
Pfeffer
Zucker
trockener Weißwein
Rinderfond
Balsamico-Essig
Öl
2 Erdbeeren

Suppe: Die Zwiebel fein würfelig schneiden. Die gewaschenen Spargelstangen von oben nach unten schälen und vierteln. Die Zwiebel in der Butter anschwitzen und die Spargelstücke dazugeben. Mit etwas Weißwein ablöschen und Rinderfonds dazugeben. Alles zusammen rund 25 Minuten köcheln lassen. Danach die Suppe pürieren, mit Salz, Pfeffer und Schlagobers verfeinern und anrichten.

Salat: Je nach Bedarf bis zu 10 Spargelstangen je nach Stärke 10–20 Minuten kochen. Ins kochende Wasser etwas Salz und Zucker geben.
In der Zwischenzeit fein gehackte Zwiebeln, Balsamico-Essig, Olivenöl und fein gehackte Erdbeeren in eine Schüssel geben und mit Salz, etwas Zucker und etwas Petersilie abschmecken. Das Dressing gut verrühren und danach den Vogerlsalat damit abmachen.
Den gekochten Spargel mit den Prosciutto-Scheiben ummanteln, auf den fertigen Salat legen und mit Parmesan-Stückchen garnieren.

Ein Tipp! **Beim Spargelschälen beginnt man dünn knapp unter dem sogenannten Kopf, zum unteren Ende hin schält man dicker. Dabei bitte nicht sparen, sonst verdirbt man den besten Spargel. Grünen Spargel schält man nur im unteren Drittel. Damit die Stangen nicht brechen, am besten flach auf die Arbeitsfläche legen.**

Fisolensuppe mit Nudeln

Nudeln
1 kg Mehl
1 EL Salz
2 P. Trockengerm
1 TL Zucker
2 Eier
600 ml Milch
$\frac{1}{16}$ l Öl
1 Stamperl Rum 38 %
Öl zum Ausbacken

Fisolensuppe
2 Tassen braune Wachtelbohnen
1 Tasse Gerste
1½ l Wasser
Salz
Suppenwürze
100 g Butter
½ Tasse Mehl
1 Schuss Essig

Für den Germteig alle trockenen Zutaten vermengen und mit Eiern, Milch, Öl und Rum in der Küchenmaschine verrühren. Den Teig in der Schüssel mit einem Geschirrtuch abdecken und an einem warmen Ort etwa eine Stunde lang gehen lassen. Dann von Hand abschlagen und mit einem Löffel Portionen abstechen. Daraus Nudeln formen. Auf einem Brett auflegen, die Unterseite leicht in Öl tauchen und noch einmal abgedeckt etwa ½ Stunde rasten lassen. Jetzt zu ausgezogenen Nudeln formen und in Öl schwimmend ausbacken, bis sie braun sind.

Für die Suppe Wachtelbohnen und Gerste über Nacht einweichen. Wachtelbohnen 2½ Stunden mit Suppenwürze und Salz in Wasser kochen, dann die Gerste zugeben und eine weitere ½ Stunde kochen.

Butter in einer Pfanne schmelzen, das Mehl zugeben und unter ständigem Rühren bräunen. Diese Einbrenn in die kochende Suppe geben und noch etwa 5 Minuten köcheln lassen, damit der Mehlgeschmack verschwindet.

Zuletzt noch einen Schuss Essig in die Suppe geben.

Karottensuppe nach den fünf Elementen

Zutaten für 8 Personen (ca. 2,5 l)

1 gelbe Zwiebel (200 g)
2 mittelgroße mehlige Erdäpfel (300 g)
5 mittelgroße Karotten (600 g)
1 EL natives Kokosfett
1–1,5 l heißes Wasser
1 Msp. Kurkuma
4 EL Safranwasser (1 Prise Safran in Wasser eingeweicht)
1 TL gemahlener Kümmel
7 EL Kokosmilch
je 2 EL Schnittlauch, Petersilie, Kerbel und Basilikum
Salz, Pfeffer
Radieschensprossen

Öl erhitzen, gehackte Zwiebel und Kümmel zufügen und kurz anbraten. Klein gewürfelte Karotten, Kurkuma und geschälte, gewürfelte Erdäpfel zufügen, umrühren und mit etwa 1,3 l heißem Wasser aufgießen. Aufkochen und bei mittlerer Hitze zugedeckt ca. 10 Minuten lang weich kochen. Pürieren und Kokosmilch einrühren, dann mit ca. 500 ml heißem Wasser bis zur gewünschten Konsistenz verdünnen. Abschmecken mit Safran, Salz und Pfeffer. Fein gehackte Kräuter untermischen und noch einmal aufkochen.
Die Suppe mit Radieschensprossen bestreut servieren.

Ein Tipp! Nach der Fünf-Elemente-Ernährung soll die Zusammensetzung unserer Nahrung je nach Jahreszeit und körperlicher Verfassung im richtigen Verhältnis stehen. Es gibt keine „verbotenen" oder „schlechten" Nahrungsmittel. Der Weg zu Gesundheit und Wohlbefinden führt über entspannte Ausgeglichenheit.

Graukassuppe

200 g halb topfiger, halb specki-
ger Weerberger Graukäse (Graukäse ist im Fachhandel in ganz
Österreich erhältlich)
50 g Butter
1 EL Mehl
1 kleine Zwiebel
1 l Rindssuppe oder Gemüsesuppe
(oder 1 l Wasser mit Suppenwürfel)
125 ml Schlagobers
Salz, Pfeffer
Muskat
Schnittlauch
Schwarzbrotwürfel

Die fein geschnittene Zwiebel anrösten, mit Mehl stauben
und eine lichte Einbrenn zubereiten. Den Graukäse kleinwürfelig schneiden. Diese Zutaten mit der Rindssuppe
(Wasser mit Suppenwürfel) zur Zwiebel geben und ca. 20 Minuten leicht köcheln lassen. Mit Salz, Pfeffer und Muskat
abschmecken. Zuletzt Schlagobers dazugeben und noch heiß
mixen (Stabmixer).
Mit gerösteten Schwarzbrotwürfeln und Schnittlauch bestreuen und servieren.

Ein Tipp! Graukäse ist eine Tiroler Spezialität und eine der ältes-
ten Käsesorten überhaupt. Graukäse bereichert seit Jahrhunder-
ten die alpine Esskultur Tirols. Er wird aus Magermilch, Salz und
Pfeffer hergestellt. Seine Reifezeit beträgt etwa 10–14 Tage. In
jungem Zustand ist Graukäse meist etwas topfig und bröselig, mit
zunehmendem Alter bildet er von außen eine gräuliche, speckige
Schicht. Daher auch der Name.
Graukäse ist würzig, reich an Nährstoffen, zu 100 % ein Natur-
produkt, nahezu fettfrei, absolut kalorienarm – und somit auch
die perfekte Fasten- oder Diätspeise. Graukäse schmeckt im Sommer besonders gut mit Zwiebel, Essig und Öl – „saurer Graukäse".

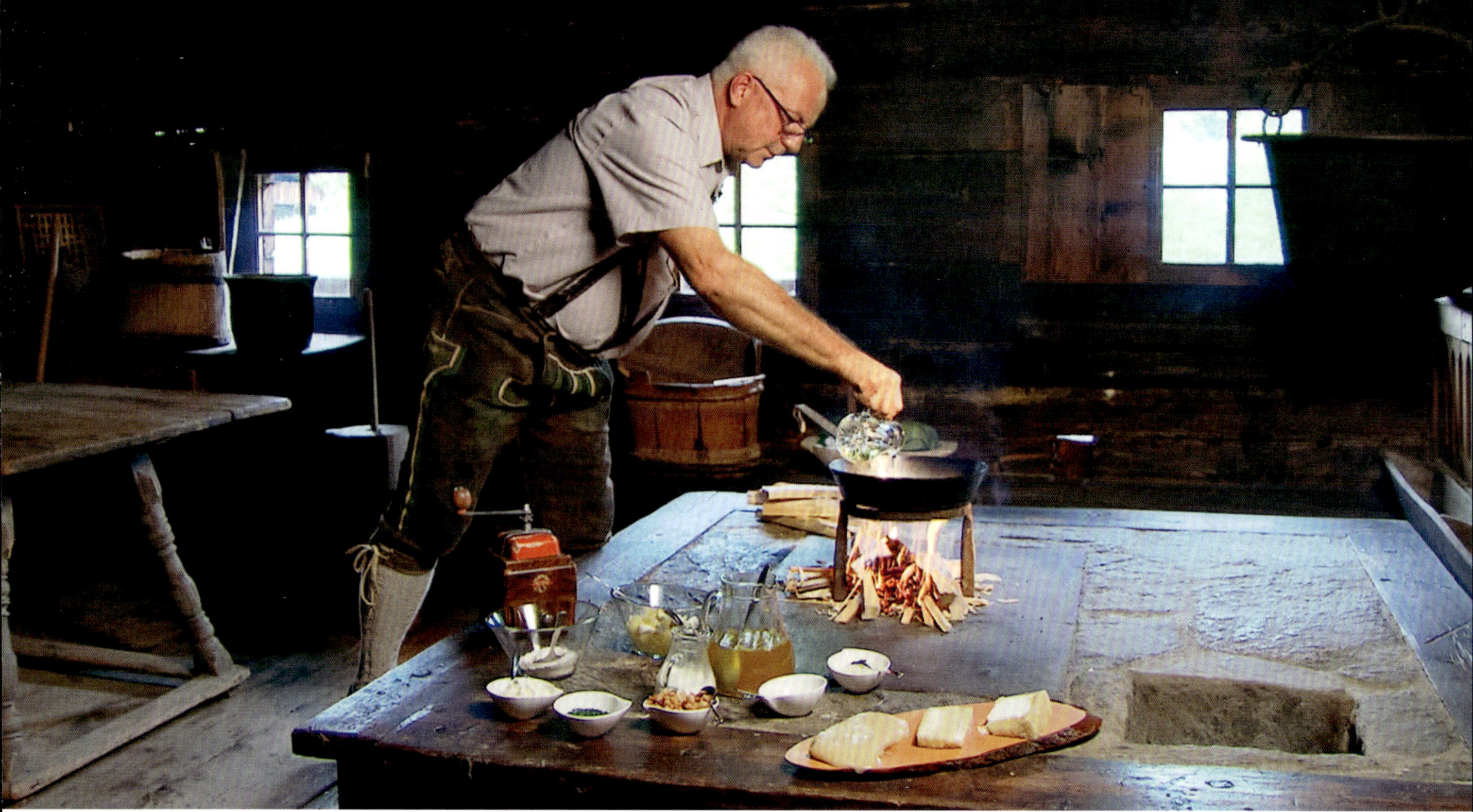
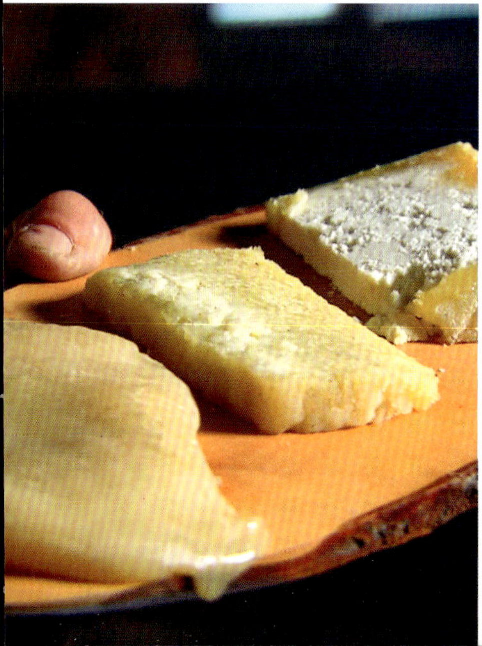
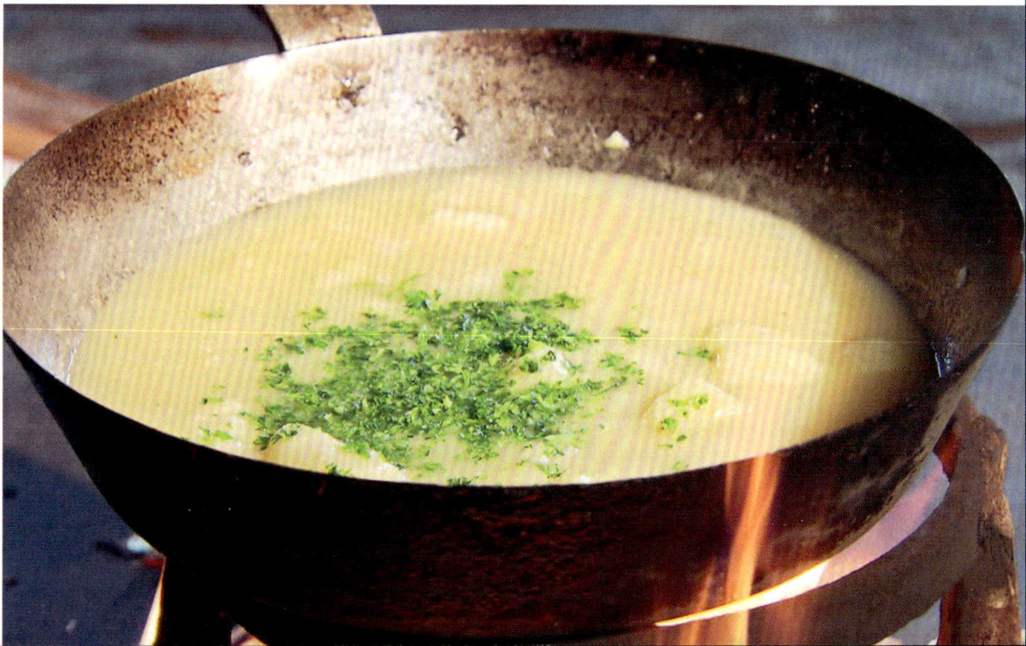

Rindfleischsalat mit Fisolen und Kernöl

Salat
800 g Rindfleisch (mageres
   Meisel)
3 Zwiebeln
1 Knolle Knoblauch
Salz
Pfefferkörner
Liebstöckel
300 g Fisolen
je 1 roter, grüner, gelber Paprika
3 rote Zwiebeln
4 Karotten
Essiggurkerl und Pfefferoni
4 hart gekochte Eier
Schnittlauch

Marinade
1/8 l Essig
3/8 l Rindssuppe
1 EL Senf
Kürbiskernöl nach Bedarf
Salz, Pfeffer und Zucker nach
   Bedarf

2 l Wasser mit Zwiebeln und Knoblauch aufkochen lassen. Das Rindfleisch einlegen und mit Salz und Pfefferkörnern würzen. Liebstöckel hinzufügen. Das Rindfleisch etwa 1 Stunde kochen lassen und erst dann die geschälten Karotten dazugeben. In der Zwischenzeit die Enden der Fisolen abschneiden und die Fisolen nicht zu weich kochen lassen. Ist das Rindfleisch weich genug, in Frischhaltefolie wickeln und im Kühlschrank auskühlen lassen. (Das Fleisch kann auch am Vortag gekocht werden, es lässt sich dann besser schneiden.) Nun alle Zutaten nach Lust und Laune schneiden. Für die Marinade entnehmen Sie ca. 3/8 l der heißen Rindssuppe und mischen alle übrigen Zutaten dazu. Das Rindfleisch nudelig schneiden und mit dem Gemüse (außer Eiern, Schnittlauch, Gurkerl und Pfefferoni) vermischen. Die Marinade darübergießen und miteinander vermischen.
Lassen Sie den Salat noch 2 Stunden stehen und ziehen, er wird dann intensiver. Jetzt nochmals etwas Kernöl darübergießen und mit den restlichen Zutaten garnieren.
Mit Bauernbrot servieren.

Mostcremesuppe mit Bröselknödeln

Suppe
2 mittelgroße weiße Zwiebeln
3–4 EL Mehl zum Stauben
1/8 l Most
3/4 l Rindssuppe
Obers zum Verfeinern nach Belieben
etwas Butter oder Margarine zum
   Anbraten

Knödel
250 g Semmelbrösel
2 Eier
200 g Butter
4 EL Milch
1 Prise Salz
1 Prise geriebene Muskatnuss
Rapsöl zum Frittieren
frische Kresse zum Garnieren

Suppe: Die Zwiebeln fein hacken und in etwas Butter oder Margarine bräunen, wenn notwendig während des Röstens noch Butter zugeben. Sobald die Zwiebeln eine schöne Bräune haben, mit Mehl stauben und kurz weiterrösten. Danach wird mit Most und Rindssuppe aufgegossen. Gut umrühren und nicht zugedeckt etwa 20 Minuten leicht köcheln lassen. (Für Vegetarier kann die Suppe statt mit Rindssuppe auch mit Wasser und Most aufgegossen werden, dann muss allerdings noch mit Salz und Pfeffer oder mit einem Suppengewürz abgeschmeckt werden.)

Knödel: Während die Suppe köchelt, werden die Knödel zubereitet. Die beiden Eier trennen, das Eiklar zu steifem Schnee schlagen. Die zimmerwarme Butter schaumig schlagen. Die Brösel in einer Schüssel mit der Milch vermengen und die Masse kurz ziehen lassen. Anschließend Eigelb, Eiklar und die Butter zur Bröselmasse hinzufügen und zu einer festen Teigmasse verrühren. Mit einer guten Prise Salz und etwas Muskat abschmecken. Mit befeuchteten Händen kleine, etwa zwetschkengroße Knödel formen und anschließend in Semmelbröseln wälzen.

Rapsöl in einem Topf auf Temperatur bringen. Sobald das Fett heiß genug ist, die Knödel einlegen und etwa 10 Minuten lang frittieren, bis sie goldbraun sind. Danach werden die Knödel direkt aus dem Fett in einen großen Topf mit kaltem Wasser gelegt. Das Wasser mit den Knödeln zum Kochen bringen und noch etwa 2–3 Minuten leicht wallend kochen.

Die Suppe pürieren und, wenn gewünscht, durch ein Sieb streichen. Abschließend mit flüssigem Obers verfeinern, nicht mehr aufkochen. Suppe und Knödel anrichten, mit frischer Kresse und eventuell mit einem süß-sauren Apfel-Birnen-Chutney servieren.

⇦ links: Rindfleischsalat; rechts: Mostcremesuppe

Cremige Parmesan-Polenta

30 Kastanien
Butter
Brösel
1 Zweig Rosmarin
Olivenöl
Honig
1 Zimtstange
½ l Milch
200 g Polentagrieß
etwas Wasser
Salz
geriebener Parmesan
100 g Rauchricotta
⅛ l Sahne
Thymian
Salbei
Majoran

Zuerst die Kastanien einschneiden und in der Schale kochen. Während die Kastanien kochen, bereitet der Küchenchef die braunen Butterbrösel vor: Dafür die Butter schmelzen, die Brösel dazugeben und so lange auf dem Herd lassen, bis sie braun und knusprig sind. Für die besondere Note gibt Sepp Trippolt einen Zweig Rosmarin dazu.

Danach Olivenöl mit Honig erhitzen und die fertig gekochten geschälten Kastanien dazugeben. Eine Zimtstange sorgt für das richtige Aroma.

Wasser mit Milch erhitzen, die Polenta, eine Butterflocke, etwas Olivenöl und Salz dazugeben. Das Ganze sämig zu einem dünnen Püree einkochen.

Am Schluss etwas Parmesan dazugeben und die Polenta mit den braunen Butterbröseln garnieren. Den Rauchricotta darüber reiben und die Kastanien daraufsetzen.

Haustoast vom Schwarzbrot

8 Schwarzbrotscheiben
  (kein Vollkornbrot)
100 g Butter
200 g Landschinken
200 g Bergkäse
etwas Öl zum Anbraten
100 g Speck
Tomaten in Scheiben geschnitten
4 Eier
4 Pfefferoni
etwas Schnittlauch
etwas Kren

Die Schwarzbrotscheiben mit Butter bestreichen und mit Landschinken und Bergkäse belegen. Dann knusprig toasten. Währenddessen in eine heiße Pfanne etwas Öl, dann Speck, Tomatenscheiben und ein Ei geben. Das Ei auf beiden Seiten anbraten, salzen und pfeffern.
Speck, Tomatenscheiben und Ei auf den Toast geben. Mit Pfefferoni, Schnittlauch und Kren garnieren.
Mit einem frischen Salat servieren.

Dogana  Feldkirch

Frühling

Bärlauchnockerl mit Frühlingssalaten

**Bärlauchnockerl für
8 Nockerl**
250 g Topfen
1 Ei
Salz
Pfeffer
Muskat
1–2 Bund Bärlauch
40 g Semmelbrösel
30 g Mehl
Butter

Vinaigrette
2 Teile Öl
  (Nuss/Walnuss)
1 Teil Essig
Salz
Pfeffer
Senf
1 Apfel
Holundersirup oder
  Blüten

Frühlingssalat

Bärlauchnockerl: Topfen mit Ei, 1 Prise Salz, Pfeffer und Muskat glatt rühren. Den fein gehackten Bärlauch, Mehl und Brösel unterheben. Nockerl formen und in leicht wallendes, gesalzenes Wasser geben. Für 7–10 Minuten köcheln lassen.
In der Zwischenzeit den Salat vorbereiten.
Vinaigrette: Alle Zutaten mit einem Mixstab pürieren und dann abschmecken. Salat mit der Vinaigrette anrichten.
Nockerl aus dem Wasser nehmen, in brauner Butter schwenken und servieren.

21

⇦ Parmesan-Polenta

Selbst gebackenes Bauernbrot

1,2 kg Roggenmehl
40 g Germ
500 g Weizenmehl
50 g Salz
50 g Brotgewürz
600 g Sauerteig
1,2–1,5 l heißes Wasser

Alle trockenen Zutaten vermischen, Sauerteig, Germ und Wasser hinzugeben und mit dem Kochlöffel gut durchmischen. Nicht lange kneten, da wir einen hohen Roggenanteil haben. Gut gehen lassen, Laibe formen, diese nochmals gehen lassen, Oberfläche einschneiden, mit Wasser bespritzen und mit Mehl bestäuben.
Backofen gut vorheizen und bei 250 °C 10 Minuten und bei 180 °C 40 Minuten fertigbacken.

Ein Tipp! Die Zutaten ergeben zirka drei Laib Brot. Sie können zwei Laibe gut einfrieren oder Sie wechseln sich beim Backen mit ihren Nachbarinnen ab.

See-Eck St. Wolfgang

Alle Jahreszeiten

Fischsuppe

½ kg Fischkarkassen
2 Karotten
2 gelbe Rüben
1 Tomate
1 Fenchelknolle
2 Schalotten-Zwiebeln
2 l Wasser
¼ l Weißwein
Salz
Pfefferkörner
Fenchelsamen
Lorbeerblatt
Safran

Die Fischkarkassen in einem Topf mit kaltem Wasser ansetzen. Karotten, Fenchel und Schalotten schälen, in grobe Stücke schneiden und bei starker Hitze aufkochen. Den Schaum abschöpfen und die Temperatur reduzieren. Gewürze, Weißwein und 2 gelbe Rüben beigeben und ca. 1 Stunde köcheln lassen. Die fertige Suppe durch ein feines Sieb abseihen und abschmecken.

Drei Tipps für den Frischetest von Fisch! **Die Augen sollten klar und nach außen gewölbt sein. Fisch-Fleisch muss fest sein, das bedeutet, nach dem Eindrücken dürfen Sie keine Delle sehen. Und die Fischhaut sollte seidig glänzen.**

Klachlsuppe mit Heidensterz

Klachlsuppe
500 g Schweinshaxerln (Klacheln)
1 l Wasser
Salz, Pfefferkörner
1 Lorbeerblatt
Wacholderbeeren
Majoran, Thymian
1 Bund Suppengrün
evtl. Schuss Essig
Öl
Mehl

Heidensterz mit Grammeln
1 l Wasser
2 TL Salz
250 g Heidenmehl (Buchweizen-
  mehl)
100 g Grammelschmalz

Für die Klachlsuppe die in Scheiben geschnittenen Klacheln in kaltem Wasser mit Salz, evtl. Essig, Thymian, Majoran, Lorbeerblatt, Pfefferkörnern und Wacholderbeeren zustellen, aufkochen lassen und auf kleiner Flamme köcheln. Die Suppe dabei mehrmals abschäumen. Wenn die Klacheln weich sind und beginnen, sich leicht von den Knochen zu lösen, sind sie am Punkt.

Das Gemüse waschen und klein schneiden. Eine lichte Einbrenn bereiten, vergießen und das Gemüse zugeben. Das Gemüse erst nach 1 Stunde dazugeben, damit es nicht verkocht.

Für den Heidensterz das gesalzene Wasser in einem hohen Topf zum Kochen bringen, das Heidenmehl in einem Schwung (sehr wichtig!) dazu geben, evtl. mit einem Kochlöffel leicht umrühren, bis ein Klumpen entsteht. Diese Masse anschließend bei kleiner Hitze zugedeckt noch etwa 30 Minuten quellen lassen. Das Kochwasser abgießen und die Heidensterzmasse mit einer Gabel zerteilen.

Wenn die Sterzmasse zu trocken oder zu hart ist, ein wenig vom Kochwasser zugießen und mit der Gabel auflockern – es sollen kleine, gleichmäßige Klümpchen entstehen. In einer Pfanne das Grammelschmalz schön heiß werden lassen und den Heidensterz damit „abschmalzen".

Ein Tipp! Die Klachlsuppe wurde früher insbesondere an Schlachttagen zubereitet, bei Peter Zangl kommt sie aber das ganze Jahr auf den Tisch.

Klachlsuppe ⇨

Liptauer

Für 8–10 Personen
250 g schaumig geschlagene Butter (keine Margarine)
¼ Zwiebel, fein gewürfelt
1–2 süß-saure Essiggurken, fein gewürfelt
½ Knoblauchzehe, fein gehackt
4–5 EL Paprika, edelsüß

1 TL Paprika, scharf
1 TL Paprika, geräuchert
2 TL Kapern, fein gehackt
1 EL Senf, scharf
½ EL Sardellenpaste
2 Prisen Kümmel, gemahlen
6 Prisen Salz
2 Prisen Pfeffer
500 g Topfen 20 %

Die Zutaten in der angegebenen Reihenfolge zusammenrühren. Mit Schnittlauch oder einer Prise edelsüßem Paprika, Gebäck oder Salzstangerln servieren.

Ein Tipp! **Wenn Sie den Zwiebelgeschmack mildern wollen, können Sie die Zwiebel kurz überbrühen.**

HAUPTSPEISEN

Kaiser-Karl-Bratl mit Chili-Stöcklkraut

ca. 1 kg Schweinsbrüstl oder
  Schweinskarree
800 g Stöcklkraut (ca. 2 Monate
  im Fass eingelegt) oder
  Sauerkraut
ca. 1 l Gemüsesuppe
1–2 EL Chiliöl
Salz
Pfeffer
5–10 Knoblauchzehen
Kümmel
800 g Erdäpfel

Fleisch einschneiden (nicht zu tief!) und mit Salz, Pfeffer und Kümmel würzen. In ein Pfandl legen. Die rohen Erdäpfel ungeschält halbieren und gemeinsam mit dem Fleisch und mehreren ganzen Knoblauchzehen anbraten. Mit Gemüsesuppe aufgießen. Etwa ½ Stunde bei 160 °C braten lassen – einmal aufgießen nicht vergessen!

Danach das Stöcklkraut (falls nicht zur Hand geht auch Sauerkraut) mit Chiliöl würzen, zum Fleisch ins Pfandl geben und mitbraten. Das Fleisch noch etwa 30 Minuten zugedeckt braten lassen und weitere ein bis zwei Mal mit Gemüsesuppe aufgießen. Nach etwa 1 Stunde ist das Fleisch fertig, je nach Geschmack mit Kümmel und Petersilie etwas nachwürzen und gemeinsam mit den mitgebratenen Erdäpfeln und dem Chili-Stöcklkraut servieren.

Monika Liehl  Parndorf

Wintergemüse-Auflauf mit Ziegenkäse

250 g Ziegenfrischkäse oder -topfen
600 g Erdäpfel
400 g Kohlblätter
300 g Karotten
200 g Zwiebeln und Lauch
100 g Ziegenwurst
½ l Milch
400 g Mehl
40 g Butter
Salz
Pfeffer
1 Msp. Muskat
etwas Kurkuma
2 Eier
2 „Ziegerl" (gereifter Ziegen-Ricotta) oder Hartkäse zum Reiben

Erdäpfel bissfest mit der Schale kochen. In Scheiben schneiden. Karotten in Scheiben schneiden. Kohl vom Strunk befreien und Blätter halbieren. Kohl und Karotten in Salzwasser bissfest kochen und kalt abschrecken. Zwiebeln, Lauch und Ziegenwurst in Würfel schneiden und in Butter anschwitzen. Den Boden der Auflaufform damit belegen.
Für die Bechamelsoße Butter erhitzen und Mehl unter ständigem Rühren mit dem Schneebesen hellbraun anschwitzen. Milch unterrühren, kurz köcheln lassen, weiterrühren, damit keine Bröckchen entstehen. Vom Herd nehmen, Ziegenfrischkäse und Eier unterrühren. Mit Salz, Pfeffer, Muskat und Kurkuma abschmecken.
Nun das Gemüse abwechselnd mit der Bechamelsoße in die Auflaufform schichten. Mit Bechamelsoße abschließen und das Ganze mit dem geriebenen Hartkäse bestreuen. Im auf 180–190 °C vorgeheizten Backrohr (Ober- und Unterhitze) 35–40 Minuten backen. Dazu passt Pflücksalat.

29

Kärntner Laxn mit Tomatenrisotto

Risotto
2 EL Olivenöl
120 g Risottoreis
⅛ l Weißwein
¼ l Gemüsefond
½ kg geschälte und gewürfelte
  Tomaten
Sahne
30 g Parmesan

Fisch
800 g Fischfilets (Forelle,
  Kärntner Laxn oder Saibling)
Salz
geriebener Koriander
Zitronenschale von 1 Zitrone
50 g Brösel
1 Ei
Salz, Pfeffer
1 Bund frisch gehackte Kräuter

Risotto: Zuerst das Olivenöl erhitzen und den Risottoreis glasig anlaufen lassen. Danach mit Weißwein ablöschen und mit Gemüsefond aufgießen. Das Risotto so lange aufkochen, bis der Reis bissfest ist. Dafür immer wieder mit Fond aufgießen.
Fisch: Nun beginnen die Vorbereitungen für die Kräuterkruste. Dafür Semmelbrösel, verschiedene Kräuter und Ei vermischen und etwas würzen. Die Fischfilets salzen und mit geriebener Zitronenschale verfeinern, dann kurz anbraten. Die Filets mit der Kräutermasse bestreichen und 3–4 Minuten im Ofen überbacken.
Während der Fisch brutzelt, macht Manfred Oberbucher das Risotto fertig. Dazu die Tomatenwürfel beimengen und wiederum mit Gemüsefond aufgießen. Das Ganze kurz köcheln lassen und mit Sahne und Parmesan verfeinern.

Ein Tipp! **Um das Aroma von Kräutern zu bewahren, waschen Sie sie mindestens zwei Mal. Nach dem Waschen die Blätter einzeln vom Stiel zupfen. Durch hastiges Abziehen geht der zarte Teil des Stiels verloren. Bitte immer ein scharfes Messer verwenden. Nicht gleich am Anfang hacken, das zerdrückt die Blätter. Die Blätter zuerst mit rollenden Bewegungen in sehr feine Streifen schneiden. Für das Hacken eine Hand auf die Klinge legen; mit der anderen halten Sie den Griff am Ende fest. Legen Sie die gehackten Kräuter in Küchenpapier, um das Wasser zu entziehen. So werden sie schön flockig.**

Kohlroulade mit Hafer-Berglinsen-Fülle

Roulade
200 g Haferreis
450 ml Gemüsefond oder Wasser
100 g Hokkaido-Kürbis, kleinwürfelig geschnitten
8 Kohlblätter
1 TL Salz
100 g gekochte Berglinsen aus
  dem Glas

50 g vegane Alternative zu
  Sauerrahm
1 EL Sojasoße
1 TL Kräutersalz
1 EL getrockneter Majoran
2 EL gehackte Petersilie
Olivenöl zum Bestreichen

Paprikadip
200 g pflanzliche Alternative zu
  Joghurt

50 ml Creme aus Soja-Reis oder
  Hafer
je 1 EL Sojasoße, Apfeldicksaft
1 TL Senf
1 EL Paprikapulver
1 TL Kräutersalz
150 ml Sonnenblumen- oder
  Rapskernöl
1 Tasse Gartenkresse

Reis in einem Topf mit Gemüsefond aufgießen. Bei geschlossenem Deckel 20 Minuten weich kochen. Nach 15 Minuten den Kürbis dazugeben. Die Kohlblätter in kochendem Salzwasser 3 Minuten garen. Abseihen, mit kaltem Wasser abschrecken und auf einem Küchentuch an-trocknen. Strunk herausschneiden. Gekochte Reismasse in eine Schüssel geben und über-kühlen. Backrohr auf 180 °C (Heißluft 170 °C) vorheizen.

Inzwischen den Paprikadip zubereiten: Alle Zutaten außer das Öl in den Mixbecher geben. Öl bei laufendem Mixer langsam eingießen – es entsteht eine mayonnaiseartige Konsistenz. Fülle für die Rouladen fertigstellen: Haferreis, Berglinsen, vegane Sauerrahm-Alternative, Sojasoße, Kräutersalz, Majoran und Petersilie gut vermengen. Fülle auf die Blätter geben, beidseitig einklappen und einrollen. Rouladen auf ein befettetes Backblech setzen und mit Olivenöl bestreichen. 8–10 Minuten goldgelb backen. Nach dem Anrichten die Kohlrouladen mit dem Dip nappieren und mit Gartenkresse bestreuen.

Hotel Chalets Grosslehen · Fieberbrunn

Tiroler Gröstl

600 g gekochte Erdäpfel
Salz
Pfeffer
Majoran
gemahlener Kümmel
1 Zwiebel
würziger Speck
250 g gekochtes oder gebratenes
  Fleisch
4 Eier
1 EL Petersilie

Die Erdäpfel in Scheiben schneiden und in einer Eisenpfanne mit heißer Butter gut anbraten. Mit Salz, Pfeffer, Majoran und Kümmel würzen und dann die Zwiebel in Würfel schneiden. Sobald die Erdäpfel angebräunt sind, die Zwiebel in die Pfanne dazugeben. Wird sie zu früh in die Pfanne gegeben, wird sie bitter. Alles gemeinsam gut anrösten und immer wieder umrühren. Den Speck in Streifen schneiden und in die Pfanne geben. Danach noch ein Stück Butter hinzufügen. Auch das gebratene oder gekochte Fleisch in Scheiben schneiden und in die Pfanne geben. Danach alles zusammen bei guter Hitze nochmals durchrösten. 4 Spiegeleier in einer separaten Pfanne zubereiten und gemeinsam mit Petersilie als Dekoration auf das Gröstel legen und servieren.

Blunzentascherl mit Welschrieslingkraut

Erdäpfelteig
500 g gekochte Erdäpfel (vom Vortag)
100 g griffiges Mehl
50 g Grieß
1 Ei
1 Prise Salz
1 Prise Muskatnuss

Blunzenfülle
250 g Blunze
1 kleine Zwiebel

1 Zehe Knoblauch
1 Ei
Salz
Majoran

Welschrieslingkraut
1 mittelgroßer Krautkopf, in Streifen geschnitten
1 Zwiebel
1 EL Zucker
1/8 l Welschriesling (oder ein anderer trockener Weißwein)

Salz
Kümmel
Pfeffer
Öl zum Anrösten

Krenschaum
1 kl. Zwiebel
frisch geriebener Kren
Weißwein zum Ablöschen
1/16 l Gemüsefond
1/16 l Schlagobers
Salz, Pfeffer

Erdäpfelteig: Erdäpfel schälen, fein reiben. Restliche Zutaten dazugeben und den Teig rasch verkneten. Etwa 3 Millimeter dick ausrollen und rund ausstechen.

Blunzenfülle: Blunze faschieren oder reiben. Zwiebel rösten, Knoblauch, Ei und die Gewürze beimengen. Blunzenfülle mit einem Spritzsack auf die Teigkreise dressieren, zu Tascherln formen und diese in leicht gesalzenem Wasser etwa 2 Minuten kochen. Gut abtropfen lassen und kurz vor dem Servieren in Butterschmalz goldgelb herausbacken.

Welschrieslingkraut: Die fein geschnittene Zwiebel leicht anrösten, Zucker darin karamellisieren. Kraut beimengen, kurz anrösten und mit Weißwein ablöschen. Würzen und weich dünsten.

Krenschaum: Zwiebel anrösten, mit Weißwein ablöschen. Kren, Gemüsefond, Schlagobers und Gewürze dazugeben. Kurz einreduzieren lassen und mit dem Stabmixer leicht aufschäumen.

Lammrücken mit Kartoffelgratin

Lammrücken
1 Lammrücken
1 Knoblauchzehe
2 Rosmarinzweige
4 Thymianzweige

3 EL Olivenöl
Salz und Pfeffer

Kartoffelgratin
250 g geriebener Käse
   (Mozzarella)

600 g festkochende Kartoffeln
300 g Sahne
1 Prise Muskatnuss
1 Prise Salz und Pfeffer
Butter

Lammrücken: Vom Lammrücken das überschüssige Fett bis auf eine ganz dünne Schicht abschneiden und dann das verbleibende Fett rautenförmig einschneiden.
Links und rechts neben dem Rückgrat einen Einschnitt bis auf die Rippenknochen machen. Damit die Rückenfilets nach dem Braten leichter zu lösen sind, noch ein kleines Stück „um die Ecke" schneiden, sodass die Filets nur noch auf den Rippen aufliegen.
Den Knoblauch in feine Stifte schneiden. Die Rückenfilets etwas vom Knochen wegziehen in die Einschnitte kommen jetzt die Knoblauchstifte. Anschließend pro Seite einen Rosmarinzweig und zwei Thymianzweige dazugeben. Je nach Geschmack noch einige Blättchen Salbei hinzufügen.
Die Rückenfilets von innen leicht salzen und pfeffern. Mit Küchengarn so binden, dass die Filets wieder am Knochen anliegen. Mit Olivenöl einpinseln, auf eine feuerfeste Form (z. B. Auflaufform) setzen und bei 200 °C Umluft im vorgeheizten Backofen 30–35 Minuten braten. Danach ist das Fleisch am Knochen noch schön rosa und saftig. Wer es gerne durchgebraten haben will, sollte das Fleisch 5–10 Minuten länger im Rohr lassen.
Kartoffelgratin: Für das Kartoffelgratin zuerst die gleichmäßig großen Kartoffeln schälen, waschen und in dünne Scheiben schneiden. Eine Auflaufform mit Butter ausstreichen, die Kartoffelscheiben hineinlegen. Den Backofen auf 180 °C vorheizen.
Die Sahne über die Kartoffeln gießen und den Käse darüberstreuen, mit Salz, Pfeffer und Muskatnuss würzen und kurz verrühren. Das Gratin im Backofen auf der mittleren Schiene 50 Minuten backen. Danach mit einer Gabel prüfen, ob die Kartoffeln gar sind. In der Form servieren.

⇦ links: Blunzentascherl; rechts: Lammrücken

Zartweizen-Gemüserisotto

400 g Zartweizen
800 g Wasser
1 Zwiebel
1 EL Salz
200 g bunte Paprika
100 g Zucchini
100 g Champignons
100 g Karotten
1 kleiner Bund Petersilie
20 g Lauch
Hartkäse zum Darüberreiben

Zwiebel glasig anschwitzen, den Zartweizen dazugeben und mit Wasser aufgießen. 20–25 Minuten kochen lassen, bis das Wasser verkocht ist.

Das Gemüse in kleine Stücke schneiden, in Rapsöl anrösten und unter das Risotto mischen. Zum Schluss die Petersilie daruntermischen.

Den Lauch kurz anschwitzen und über das angerichtete Risotto geben. Den Käse grob darüberreiben.

Ein Tipp! **Zartweizen ist sehr ballaststoffreich und sättigend.**

Tagliolini mit Maishendlbrust

Maishendlbrust
300 g Tagliolini (oder ähnliche
  Nudeln)
2 Maishendlbrüste
100 g Paprikaschoten
100 g Zucchini
10 Kirschtomaten
100 g Buchenpilze
200 ml Gemüsefond

100 ml Obers
Basilikumpesto
Parmesan nach Bedarf

Basilikumpesto
$1/16$ l Olivenöl
100 g Pinienkerne
50 g Mandelsplitter
100 g Parmesan, gerieben

30 g Knoblauch
40 g Basilikum
Salz nach Bedarf

Nudelteig
300 g griffiges Mehl
8 Dotter
Olivenöl
etwas Salz

Frische Tagliolini in Salzwasser 1–2 Minuten kochen, abseihen und mit Olivenöl beträufeln. Hühnerbrust in feine Streifen schneiden und in Olivenöl anbraten. Zucchini, Paprika und Buchenpilze leicht ansautieren, mit Gemüsefond aufgießen und mit Obers leicht einkochen lassen. Gebratene Hühnerbruststreifen und Kirschtomaten beigeben und aufkochen lassen. Basilikumpesto hinzufügen und mit den gekochten Tagliolini schwenken. Mit Salz und Pfeffer würzen, im Pastateller anrichten. Zum Schluss mit Parmesan bestreuen und mit frischem Basilikum garnieren.

Ein Tipp! **Von Frühling bis Herbst kann man auch variieren und saisonale Produkte verwenden, etwa weißen oder grünen Spargel, frische Morcheln, Eierschwammerl oder Steinpilze. Statt des Basilikumpestos eignet sich auch Bärlauch hervorragend.**

Kartoffelroulade mit „suram Käs" und Blattspinat

500 g gekochte, mehlige
  Kartoffeln (am Vortag kochen)
125 g doppelgriffiges Mehl
50 g Weizengrieß
2 Eier mittlerer Größe
Salz
Pfeffer
Muskatnuss
ca. 110 g saurer Käse
je nach Geschmack ca. 40 g
  Spätzlekäse-Mischung

Die Kartoffeln durch die Presse drücken. Eier, Mehl, Grieß und Gewürze mit den gepressten Kartoffeln vermischen. ⅓ des Kartoffelteigs mit der Käsemischung abtreiben. Die ⅔ des Kartoffelteigs ohne Käse ausrollen und darauf die Kartoffel-Käsemischung verteilen.
Eine Rolle formen (am Besten in Frischhaltefolie wickeln und rollen), dann in Alufolie wickeln und bei 100 °C in Wasserdampf ca. 35 Minuten garen. In Scheiben schneiden und in Butterschmalz anbraten.
Pro Person 3 Handvoll Blattspinat in einer Pfanne mit Olivenöl dünsten, salzen und pfeffern und als Unterlage für die Kartoffelrolle servieren.

Ein Tipp! **Sura Käs ist ein Sauermilchkäse 1–10 Prozent Fettgehalt und geringem Cholesteringehalt. Er ist außen sulzig bis speckig, hat einen topfenartigen Kern und keine Rinde. Je nach Reife schmeckt er frisch-würzig bis kräftig und leicht säuerlich.**

Käsknöpfle und Kartoffelsalat

Spätzleteig
1 kg Mehl, doppelgriffig
8 Eier und 2 Dotter
ca. ¼ l Wasser
Salz

Käsemischung
Käse nach Geschmack:
je ⅓ saurer Käse, Tilsiter,
   Bergkäse
200 g Butter
2 Zwiebeln

Kartoffelsalat für 4–6 Personen
1 kg speckige Kartoffeln
2 Zwiebeln
¼ l Rindssuppe
100 ml Apfel- oder Mostessig
200 ml Öl
Senf
Salz, Pfeffer aus der Mühle

Käsknöpfle: Alle Zutaten für den Teig schlampig (d. h. nur kurz) rühren. Den Teig durch einen Spätzler drücken und ins kochende Wasser fallen lassen. Die Spätzle kurz aufkochen lassen, dann im Sieb abtropfen. Ein Geschirr abwechselnd mit der Käsemischung und Spätzle auffüllen.
Inzwischen Butter zergehen lassen und die Zwiebeln unter ständigem Rühren goldgelb anrösten. Zum Schluss die heißen Zwiebeln über die Spätzle geben.
Salat: Kartoffeln mit der Schale 15–20 Minuten in Salzwasser kochen. Das Wasser abschütten und die Kartoffeln etwas auskühlen lassen. Anschließend schälen und in Scheiben schneiden. Die Zwiebeln schälen, klein schneiden und mit den restlichen Zutaten zu den noch warmen Kartoffeln geben. Alles verrühren und abschmecken.

Ein Tipp! **Im Frühling kann geschnittener Bärlauch dazugegeben werden, der dem Salat ein leichtes Knoblauch-Aroma verschafft.**

Geschmorte Kalbsbäckle mit Dinkel-Grießtalern

Kalbsbäckle
4 zugeputzte Kalbsbäckle
  (Kalbsbäckchen) à 200 g
2 Karotten
2 Stangen Staudensellerie
16 Perlzwiebeln
1 Stange Lauch
30 g Tomatenmark
100 ml Rotwein
200 ml Kalbs- oder Geflügelfond
50 ml Portwein

Olivenöl
Salz, Pfeffer
2 Nelken
2 Lorbeerblätter
5 Pfefferkörner
2 Thymianzweige
2 Rosmarinzweige
1 Knoblauchzehe
20 ml Balsamico-Essig
30 g Speisestärke

Dinkel-Grießtaler
½ l Gemüsebrühe
½ l Milch
Rosmarin
Salz
200 g Dinkelgrieß
100 g Dinkelflocken
50 g Alpkäse
3 Dotter
Pfeffer
Muskatnuss

Kalbsbäckle: Kalbsbäckchen waschen, trocken tupfen, mit Salz und Pfeffer würzen und in einem Bräter mit wenig Olivenöl von allen Seiten scharf anbraten. Herausnehmen, Öl abgießen und beiseite stellen.

Karotten, Sellerie, Perlzwiebeln und Knoblauch schälen, Lauch, die Hälfte der Perlzwiebeln und das restliche Gemüse in Würfel schneiden. Danach im Bräter eine Hälfte des Gemüses und die geschnittenen Perlzwiebeln goldgelb anrösten. Das Tomatenmark dazugeben und mitrösten, mit Portwein und Rotwein ablöschen und auf die Hälfte reduzieren lassen.

Den Kalbsfond hinzugeben und die Kalbsbäckchen darauflegen. Bräter schließen und im vorgeheizten Backofen bei 120 °C etwa 2 Stunden garen. ½ Stunde vor Ende der Garzeit die Bäckchen herausnehmen und die Soße durch ein feines Sieb passieren. Für die Soße die Gewürze, das restliche Gemüse und Kräuter dazugeben und mitgaren.

Das Fleisch ist fertig, wenn man mit einem Zahnstocher ohne Widerstand hineinstechen kann. Die Soße mit Balsamico-Essig, Salz und Pfeffer abschmecken und mit Speisestärke binden.

Dinkel-Grießtaler: Die Brühe mit Milch, Rosmarin und Salz in einem Topf aufkochen. Den Dinkelgrieß und die Dinkelflocken unter Rühren einrieseln lassen und 10–15 Minuten unter ständigem Rühren knapp unter dem Siedepunkt ziehen lassen, bis ein dicker Brei entstanden ist. Die Grießmasse vom Herd nehmen, den Alpkäse und die Dotter unterrühren. Mit Salz, Pfeffer und Muskatnuss abschmecken.

Ein Backblech mit Öl bestreichen und mit Backpapier belegen. Die Grießmasse gut 1 cm hoch darauf glatt streichen und im Kühlschrank auskühlen lassen, dabei nicht zudecken. Mit einem runden Ausstechförmchen – oder einem Glas – Taler ausstechen. Die Grießmasse kann auch in Rauten von etwa 5 cm Seitenlänge oder in andere Formen geschnitten werden. Das Öl in einer Pfanne erhitzen und die Dinkel-Grießtaler darin bei mittlerer Hitze auf beiden Seiten goldbraun anbraten. Mit einem Pfannenwender herausnehmen und auf Küchenpapier abtropfen lassen.

Cordon bleu à la „Adler"

600 g Frühlings-
kartoffeln (Heurige)
500 g Blattspinat
6 Knoblauchzehen
800 g Schweinerücken-
steak
3 Paprika
3 Stangensellerie
1 Melanzani
1 Zucchini
300 g Champignons
1 Bund Jungzwiebeln
200 g Bergkäse
200 g Schinken (je
nach Geschmack, z. B.
Winzerschinken)

100 g Gorgonzola
Brösel
Ei
Mehl
Butter
Butterschmalz
Salz
Pfeffer
Zucker
Muskat
Rosmarin
Petersilie
gemahlener Kümmel

Kartoffeln ca. 7 Minuten kochen und abseihen. Blattspinat blanchieren, kalt abschrecken und mit Salz, Muskat und Knoblauch verfeinern. Beides warm beiseite
stellen, währenddessen das Schweinskarree
schneiden (Schmetterlingsschnitt), leicht
klopfen und mit Salz und Pfeffer bestreuen.
Gemüse in 2 cm große Würfel schneiden,
in Butter anbraten, frischen Rosmarin und
gehackte Petersilie dazugeben und mit Salz,
Pfeffer und Zucker abschmecken. Käse und
Schinken auf das Fleisch legen, Spinat und
Gorgonzola dazugeben, zusammenklappen,
panieren und in Butterschmalz goldbraun
anbraten. Kartoffeln in einer heißen Pfanne
mit Butter anbraten und mit Kümmel, Petersilie, Salz und Pfeffer abschmecken.
Alles auf heißen Tellern schön anrichten.

Almkäseknödel

Zutaten für 10 Stück
100 g Weißbrotwürfel
35 g gehackte Zwiebel
75 g warme Milch
1 Ei
190 g mehlige Kartoffeln,
  gekocht und passiert
100 g Almkäse
25 g Frischkäse
Schnittlauch
Petersilie
Salz, Pfeffer
Muskat
etwas Knoblauch

Die Brotwürfel mit der warmen Milch befeuchten. Almkäse und Frischkäse klein schneiden und dazugeben. In der Zwischenzeit die Zwiebeln goldgelb anrösten, damit sie ihren vollen Geschmack entfalten können.
Zwiebeln, Kartoffeln, Ei, Kräuter und Gewürze dazugeben und alles gut vermischen. Knödel formen und portionieren. Knödel in Fett herausbacken, bis sie goldgelb sind.
Mit Frühlingssalat anrichten.

Ein Tipp! **Mit einem Eisportionierer werden alle Knödel gleich groß.**

43

Spargelrisotto mit rosa gebratener Kalbskrone

Spargelrisotto
1 Bund Spargel (grün, weiß
  oder auch gemischt; Kochzeit
  beachten!)
2 Schalotten
300 g Risottoreis
100 ml Weißwein
100 ml Sahne
1 l Spargelfond
100 g Parmesan, frisch gerieben

Sonnenblumenöl
Salz, Pfeffer

Kräuterkruste
1 Bund Petersilie, fein gehackt
1 Bund Oregano, fein gehackt
1 Bund Koriander, fein gehackt
2–3 Knoblauchzehen
2 Limetten (nur Zeste)
1 Limette (nur Saft)
1 gehackte Chili

150 g Butter
100 g Brösel
Salz und Pfeffer

Kalbskrone
ca. 1 kg Ländle-Kalbskrone
Salz
Pfeffer
Öl

Spargelrisotto: Den Spargel waschen und schälen, die holzigen Enden abschneiden. Den Spargel in mundgerechte Stücke schneiden, einige der Spitzen aufheben. Spargel entweder im Dampfgarer ca. 10 Minuten bei 100 °C dämpfen oder in Salzwasser im Topf auf dem Herd kochen lassen. Die Schalotten fein hacken und in Sonnenblumenöl anschwitzen. Den Risottoreis hinzufügen und glasig anbraten lassen. Danach mit Weißwein ablöschen.
Nun beginnt das fleißige Rühren! Geben Sie einen Schöpflöffel Spargelfond in den Risottoreis und rühren Sie, bis die Flüssigkeit aufgesaugt ist. Dann wieder Spargelfond zugießen. Und immer schön rühren! Kurz vor dem Ende der Garzeit, nach ca. 20 Minuten, die Spargelstücke beimengen. Nach Wunsch Sahne hinzufügen. In das fast fertige Spargelrisotto den Parmesan einrühren. Risotto mit Salz und Pfeffer nach Belieben würzen und mit den separat erwärmten Spargelspitzen dekorieren.
Kräuterkruste: Butter schaumig schlagen, fein gehackte Kräuter und Knoblauch hinzugeben, Brösel, Limetten-Zesten und Saft hinzufügen und mit Salz und Pfeffer abschmecken.
Kalbskrone: Fleisch in ca. 5 cm breite Stücke (1 Rippe) schneiden, mit Salz und Pfeffer würzen, links und rechts jede Seite 1 Minute scharf in Öl anbraten und dann bei 180 °C für 10–15 Minuten (je nach erwünschter Garstufe) in den Ofen geben. Danach 1 Löffel Kräuterkruste auf das Stück Fleisch geben, vorsichtig flach drücken und bei Oberhitze 3–4 Minuten gratinieren.

links: Spargelrisotto; rechts: Zitterknödel ⇨

Zitterknödel mit Vogerlsalat

Zitterknödel (Erdäpfelsterz)
300 g glattes Mehl
750 g mehlige Erdäpfel
Salz
1 große Zwiebel
1 EL Fett (Schmalz oder Butterschmalz)
Petersilie

Vogerlsalat
100 g Vogerlsalat
$1/16$ l Weinessig (Uhudler)
$1/16$ l Wasser
1 TL Honig
½ TL Salz
4 EL Kürbiskernöl

Zitterknödel: Die Erdäpfel waschen, schälen, vierteln und knapp mit Salzwasser bedeckt kochen. Wenn die Erdäpfel kernig weich sind, das Mehl linden (ohne Fett in der Pfanne unter ständigem Rühren rösten). Mehl über die Erdäpfel streuen. Zugedeckt weiter kochen lassen, bis das Mehl eine Art Deckel bildet, den man dann einige Male mit dem Kochlöffelstiel durchbohrt. Überschüssiges Wasser abgießen. Erdäpfel und Mehl zusammen stampfen.
Zwiebel schälen und fein hacken, im Fett anrösten. Den Erdäpfel-Mehlsterz auf ein Schneidbrett geben und mit dem Messerrücken Nockerl direkt in die Pfanne streichen. Pfeffern, salzen, durchrösten. Mit Petersilie oder Schnittlauch bestreut servieren.

Vogerlsalat: Vogerlsalat putzen, in einem Sieb waschen, in eine Schüssel geben. Für die Marinade Salz und Honig in einem Becher verrühren, den Essig dazugeben – der Honig soll sich auflösen – und dann das Wasser dazu. Das Kernöl über den Vogerlsalat verteilen, die Essig-Honigmarinade darüberleeren und mit einem Salatbesteck durchrühren.

Mühlviertler Leinölerdäpfel

1½ kg Kartoffeln
¼ l Milch
⅛ l Obers oder Rahm
Salz
Leinöl nach Belieben
frische Kräuter
geröstete Zwiebeln
Leinsamen

Kartoffeln mit der Schale kochen, schälen und blättrig schneiden. In heißer Milch verrührt man dann die Kartoffeln zu einem dicken Brei, verfeinert mit Obers, würzt mit Salz (evtl. Pfeffer) und mengt zum Schluss das wertvolle Leinöl dazu.

In ganz alten Rezepten findet man statt Schlagobers Sauerrahm. Einziger Nachteil: Der kann ausflocken.

Ein Tipp! Leinöl ist ein Pflanzenöl, das aus Leinsamen, den reifen Samen von Öllein, gewonnen wird. Es hat einen fein nussigen Geschmack und gilt als gesundes Fett.

46

Zwiebelrostbraten

4 Stück à 160 g Beiried, gut ab-
gelagert
3 Zwiebeln
200 g doppelgriffiges Mehl
3 Eier
Öl zum Frittieren der Zwiebeln
insgesammt 400 g Gemüse:
gelbe Rüben, Karotte, Kohlrabi
breite Bohnen, Zucchini
Salz, Pfeffer
Jus
Garnitur: Rosmarin, Thymian,
Blattpetersilie, Schmortomate

Zwiebelringe im heißen Fett frittieren, bis sie goldbraun sind. Gemüse würfelig schneiden und in Salzwasser blanchieren. Mehl, Eier, Salz, Pfeffer und Wasser nach Gefühl zu einem Teig verarbeiten und mit einem Knöpfler in kochendes Salzwasser reiben. Zwischendurch rühren, sodass die Knöpfle nicht aneinanderkleben. Leicht plattierte Fleischstücke bei 225 °C links und rechts anbraten und kurz rasten lassen. Gemüse und Blattpetersilie in frischer Butter schwenken, ebenso die Spätzle. Fleisch im Salamander ca. 2½ Minuten erhitzen und alles auf einem heißen Teller anrichten. Sauce (Jus) dazugeben. Röstzwiebeln auf das Fleisch geben. Mit Thymian, Rosmarin, Petersilie und Schmortomate garnieren.

Leberschedl mit Sauerkrautstrudel

Leberschedl
500 g faschierte Schweinsleber
300 g faschiertes Schweins-
  backerl
1 Zwiebel
2 Eier
250 ml Milch
4 Semmeln
etwas Semmelbrösel
Salz
Pfeffer
Majoran

Zitronenschale
¼ l Rindssuppe zum Begießen
1 Schweinsnetz

Sauerkrautstrudel, Strudelteig
150 g glattes Mehl
15 g Öl
80 ml lauwarmes Wasser
1 TL Weißwein
1 Prise Salz
Mehl
1 Ei
Öl zum Bestreichen

Fülle
500 g Sauerkraut
150 g Bauchspeck
1 Apfel
2 Zwiebeln
1 Knoblauchzehe
Rindssuppe zum Aufgießen
Salz
Pfeffer
Muskatnuss
Zucker
Kümmel

Leberschedl: Semmeln in Würfel schneiden und in der Milch einweichen. In einer Schüssel alle faschierten Zutaten zu einer homogenen Masse rühren. Eier, fein gehackte Zwiebel, Gewürze, Zitronenschale und die Semmelmasse unterrühren und Semmelbrösel (je nach Bedarf) hinzugeben, bis die Masse schön sämig ist. Eine Backform (früher als „Schedl" bezeichnet, daher auch der Name „Leberschedl") mit dem Schweinsnetz auskleiden. Die Lebermasse einfüllen und das Schweinsnetz darüber zusammenschlagen. Nun im auf 180 °C vorgeheizten Backrohr für etwa 1 Stunde bräunen und dabei häufig mit Rindssuppe begießen. Den fertigen Leberschedl in Stücke schneiden und servieren.

Sauerkrautstrudel: Für den Strudelteig alle Zutaten in eine Schüssel geben und von innen nach außen langsam mit einer Teigkarte vermischen. Danach alles kräftig durchkneten. Sollte der Teig noch klebrig sein, etwas Mehl hinzugeben. Teig zu einer Kugel formen, mit Öl bestreichen und auf einem Teller, mit Frischhaltefolie zugedeckt, 30 Minuten rasten lassen, damit er elastisch wird. Nun ein großes Baumwolltuch mit Mehl bestreuen, den Teig in die Mitte legen und etwas ausrollen. An den Rändern anfangen, ihn zu ziehen, und im Kreis langsam ausziehen, bis er richtig dünn ist.

Für die Sauerkrautfülle Bauchspeck, Zwiebeln, Apfel und Knoblauch fein schneiden und in einem Topf goldbraun anbraten. Nun das Sauerkraut dazugeben und ca. 20 Minuten köcheln lassen. Falls zu wenig Flüssigkeit vorhanden ist, mit etwas Rindssuppe aufgießen. Danach gut abtropfen lassen, kurz abschmecken und die Fülle ca. 2 cm hoch auf dem Strudelteig so aufstreichen, dass das obere Drittel des Teiges noch frei bleibt. Die Ränder mit Ei bepinseln, damit nichts ausläuft. Dann behutsam mithilfe des Tuches einrollen, mit Öl bestreichen, auf ein Backblech legen und bei 170 °C ca. 25 Minuten backen.

Steirerkrapfn

1 kg Roggenmehl
0,7 l kalte Milch
1 TL Salz

Die Zutaten vermengen und zu einem glatten Teig verkneten. Eine Rolle machen, ca. 1 cm große Stücke abschneiden und rund auswalken.
In sehr heißes Schweinefett (kann auch Öl sein) hineinlegen, gleich umdrehen und herausnehmen.

Ein Tipp! **Die Steirerkrapfn von Johanna Erhardt kann man pikant oder süß genießen. Für die Fülle kann man geriebenen Steirerkas verwenden. Dieser wird in den warmen Krapfen eingedreht und entfaltet so sein volles Aroma. Wer es milder liebt, der greift bei der Fülle zu Honig, der auch die Schärfe des Sauerkrauts nimmt – der vitaminreichen Beilage zum deftigen Steirerkrapfn.**

Knödelmanufaktur 🛡 Allentsteig

Grammelknödel mit Eierspeis

Teig
1,2 kg große Kartoffeln
250 g Kartoffelstärkemehl
Salz

Fülle
300 g Grammeln
Eierspeise von 2 Eiern
Salz, Pfeffer
1 Knoblauchzehe

Für die Fülle die Grammeln, die heiße Eierspeise und die fein gehackte Knoblauchzehe gut vermengen und mit Salz und Pfeffer abschmecken. Daraus 8 kleine Knöderl formen und kühl stellen.

Für den Teig die Erdäpfel kochen, schälen und durch die Erdäpfelpresse drücken. Das Stärkemehl und 1 Prise Salz beimengen und zu einem geschmeidigen Teig kneten.

Sobald der Teig fertig ist, die Grammelknöderl in etwa je 150 g Teig füllen, den Teig darüber fest verschließen und zu einem Knödel drehen. Den fertig gedrehten rohen Knödel in kochendes Wasser einlegen und 20 Minuten leicht wallend kochen. Als Beilage passt Sauerkraut

Schlipfkrapfen

Teig
120 g Roggenmehl
240 g Weizenmehl
2 EL Öl
250 g Wasser
Salz

Fülle
300 g mehlige Erdäpfel
50 g Topfen
4 EL Kürbiskernöl
frische Kräuter (Lieb-
 stöckel, Petersilie,
 Oregano)

Salz
Pfeffer
evtl. Muskat
4 Schalotten
Kasebolla (eine Alterna-
 tive gibt es nicht)
Parmesan
100 g Bauernbutter

Zutaten für den Teig vermengen und geschmeidig kneten. In Folie ruhen lassen. Für die Fülle die noch warmen Erdäpfel pressen und mit den gebräunten Schalotten sowie den restlichen Zutaten vermengen. Den Teig 1–2 mm dünn auswalken und mit einem runden Keksausstecher von 6–7 cm Durchmesser ausstechen. Die Ränder sollten nicht zu viel Mehl haben, sonst lassen sich die Krapfen nicht als Halbmonde verschließen. In leicht köchelndes, gesalzenes Wasser einlegen. Wenn sie an der Oberfläche schwimmen, sind sie fertig. Anrichten und mit dem Kasebolla sowie mit Schnittlauch bestreuen. Mit heißer gebräunter Butter übergießen.

Rehbraten mit Rotweinkirschen

600 g Rehrücken, zugeputzt
Walnussöl zum Braten
Rosmarin, Salz, Pfeffer, Tabasco
300 ml Rotwein
50 ml roter Portwein
100 ml Wild- oder Rinderjus
40 g Bitterschokolade
Butter zum Aufmixen
100 g entkernte Herzkirschen
400 g Karotten
Zucker
Butter zum Schmoren
Salz, Pfeffer

Rotwein mit Portwein auf zwei Drittel einkochen, mit Jus aufgießen, Schokolade in kleinen Stücken dazugeben und nochmals einreduzieren. Mit kalter Butter aufmixen, entkernte Kirschen dazugeben und warm stellen. Karotten in Stücke schneiden, Zucker in Butter karamellisieren, Karotten darin weich dünsten, mit Salz, Zucker und weißem Pfeffer abschmecken.
Reh in Walnussöl mit Rosmarin beidseits anbraten, mit Salz, Pfeffer und Tabasco würzen, im Backrohr bei 60 °C warm halten. Ist das Fleisch durchgezogen und schön rosa, mit den Rotweinkirschen und den glasierten Karotten anrichten. Als Beilage passt Polenta.

Schwarzbrotknödel ⇨

Schwarzbrotknödel mit Speck und Äpfeln

Schwarzbrotknödel
100 g Speckwürfel
150 g Zwiebelwürfel
150 g geschälte Äpfel
20 g Butter
2 Eier
125 ml Milch
Schlagobers
Petersilie
400 g entrindetes
  Schwarzbrot
Salz
gemahlener Pfeffer
Muskat
Öl

Salatdressing für
Wiesenkräutersalat
¼ l Naturjoghurt
10 EL Apfelessig
Salz
Pfeffer
Petersilie

Speck, Zwiebeln und Äpfel klein schneiden und in Butter anbraten. Danach die Masse mit Ei, heißer Milch und Schlagobers versprudeln, mit Petersilie verfeinern und mit dem würfelig geschnittenen Schwarzbrot vermengen. Mit Salz, Pfeffer und Muskat würzen und die Schwarzbrotmasse in geölte Gläser füllen. Zum Garen kommen die befüllten Gläser in ein Heißwasserbad und für ca. 20 Minuten bei mittlerer Temperatur ins Backrohr.

In der Zwischenzeit geht es ans selbst gemachte Salatdressing. Dafür Naturjoghurt mit Apfelessig abrühren, kräftig salzen und pfeffern und mit Petersilie abschmecken.

Grillspießvariationen mit zwei Soßen

Saltimbocca-Spieß
2 Stück Schweinskarree
  zu je ca. 80 g
4 Salbeiblätter
4 Scheiben Prosciutto
Salz
Pfeffer
1 Holzspieß ca. 20 cm

Putenrouladen-Spieß
3 Stück Putenfleisch
  zu je ca. 50 g

4 Scheiben Mozzarella
  zu je ca. 15 g
ca. 50 g frischen Blattspinat
Salz
Pfeffer
1 Holzspieß ca. 20 cm

Knoblauch-Rahm-Soße
250 ml Sauerrahm
2 Knoblauchzehen
4 EL Mayonnaise
Majoran

Schnittlauch
Petersilie
Salz
Pfeffer

Teufelssoße
4 EL Ketchup
4 EL Mayonnaise
1 Chili-Schote
3 Stück scharfe Pfefferoni
Salz
Pfeffer

Saltimbocca-Spieß: Fleisch beidseitig hauchdünn klopfen, den Prosciutto auflegen (je zwei Scheiben pro Stück), darauf jeweils zwei Salbeiblätter legen. Die Fleischstücke einrollen und in ca. 1–2 cm dicke Scheiben schneiden. Die einzelnen Scheiben auf den Spieß aufstecken. Den Griller anheizen, den Spieß bei mittlerer Hitze ca. 7 Minuten anbraten. Während des Anbratens würzen, immer wieder mit Öl beträufeln und wenden.

Putenrouladen-Spieß: Den Blattspinat am Vortag blanchieren und über Nacht stehen lassen. Das Putenfleisch leicht klopfen und mit dem ausgekühlten Blattspinat belegen. Die Mozzarella-Scheiben auf das Putenfleisch mit Spinat legen, einrollen und aufspießen. Den Griller anheizen, den Spieß bei mittlerer Hitze unter mehrmaligem Wenden ca. 13 Minuten anbraten. Während des Anbratens würzen und immer wieder mit Öl beträufeln.

Knoblauch-Rahm-Soße: Die Knoblauchzehen schälen und klein würfelig schneiden, in eine Schüssel geben und Sauerrahm sowie Mayonnaise hinzufügen. Die Kräuter fein schneiden und in die Schüssel geben, salzen und pfeffern. So lange verrühren, bis eine cremige Masse entsteht. Abdecken und kalt stellen, 12 Stunden ziehen lassen.

Teufelssoße: Ketchup und Mayonnaise verrühren, die Chilischote und die Pfefferoni entkernen und ganz fein würfelig schneiden. Beides vermengen und mit Salz und Pfeffer würzen. Die Masse so lange rühren, bis sie cremig wird. Abdecken und kalt stellen, 12 Stunden ziehen lassen.

Risotto mit Marchfelder Artischocken

Zutaten für 8 Personen
1 kg Risottoreis
2 Zwiebeln
750 ml roter Muskateller
1 l Gemüsefond
1 kg Rohmilchbutter (schmeckt
   auch mit geringerer Menge
   gut!)
12 kleine Artischocken
6 große Artischocken
150 ml Olivenöl
1 unbehandelte Zitrone
1 Schuss Weißwein
Salz
Pfeffer
Lorbeer
Rosmarin
Thymian
frischer Kerbel

Für das Risotto Zwiebeln klein schneiden und in Olivenöl glasig anbraten. Reis hinzufügen und so lange rühren, bis er heiß ist, aber – Vorsicht – nicht anbrennen lassen! Salz, Lorbeer, etwas Rosmarin und Thymian dazugeben und mit dem Wein ablöschen. Unter ständigem Rühren 0,7 l Gemüsefond portionsweise hinzufügen. Nach etwa 10 Minuten kommt das halbfertige Risotto zum Auskühlen auf ein großes Backblech. Die Artischocken putzen, die kleinen Artischocken im Ganzen in Olivenöl, Rosmarin und Thymian bei 75 °C ca. 15 Minuten schonend garen, danach halbieren. Von den großen Artischocken wird der Boden benötigt und roh – in dünne Stücke geschnitten oder gehobelt – dem Risotto beigemengt. Das Risotto auf kleiner Flamme unter ständigem Rühren mit dem restlichen Gemüsefond aufgießen, bis es schön cremig ist. Den Topf vom Herd nehmen und die Butter untermischen. Zum Verfeinern nehme man den Saft und die Schale der Zitrone, einen Schuss Olivenöl und Wein. Beim Anrichten jede Portion mit 3 Artischockenhälften garnieren.
Mit Kräutern und Blüten nach Geschmack verzieren.

Cremiges Steinpilzrisotto

250 g Arborio-Reis
½ Zwiebel
Weißwein
1 l Gemüsefond
Steinpilzmehl
150 g Butter
geriebener Parmesan
Burrata
Olivenöl
marinierte Eierschwammerl
½ grüne Birne
Amaranth
Sesam
Salz
Pfeffer

Reis mit Zwiebeln anschwitzen, mit Weißwein ablöschen und mit Gemüsefond aufgießen. Das Ganze 15 Minuten langsam köcheln lassen.

Für den richtigen Geschmack verwendet Christian Cabalier nun ein spezielles Steinpilzmehl, das mit etwas Kakao verfeinert ist. Natürlich kann man auch frische Steinpilze untermengen. Danach 5 Minuten köcheln lassen und kalte Butter und Parmesan dazugeben, salzen und pfeffern.

Weiter geht es mit dem Anrichten. Auf das Risotto gibt der Chefkoch etwas Burrata, das ist ein Mozzarella-Käse mit einem flüssigen Kern, vermengt mit Olivenöl. Garniert wird das Risotto mit marinierten Eierschwammerln und fein geschnittenen Birnen. Amaranth und Sesam darüber streuen und mit einem Schuss Olivenöl abschmecken.

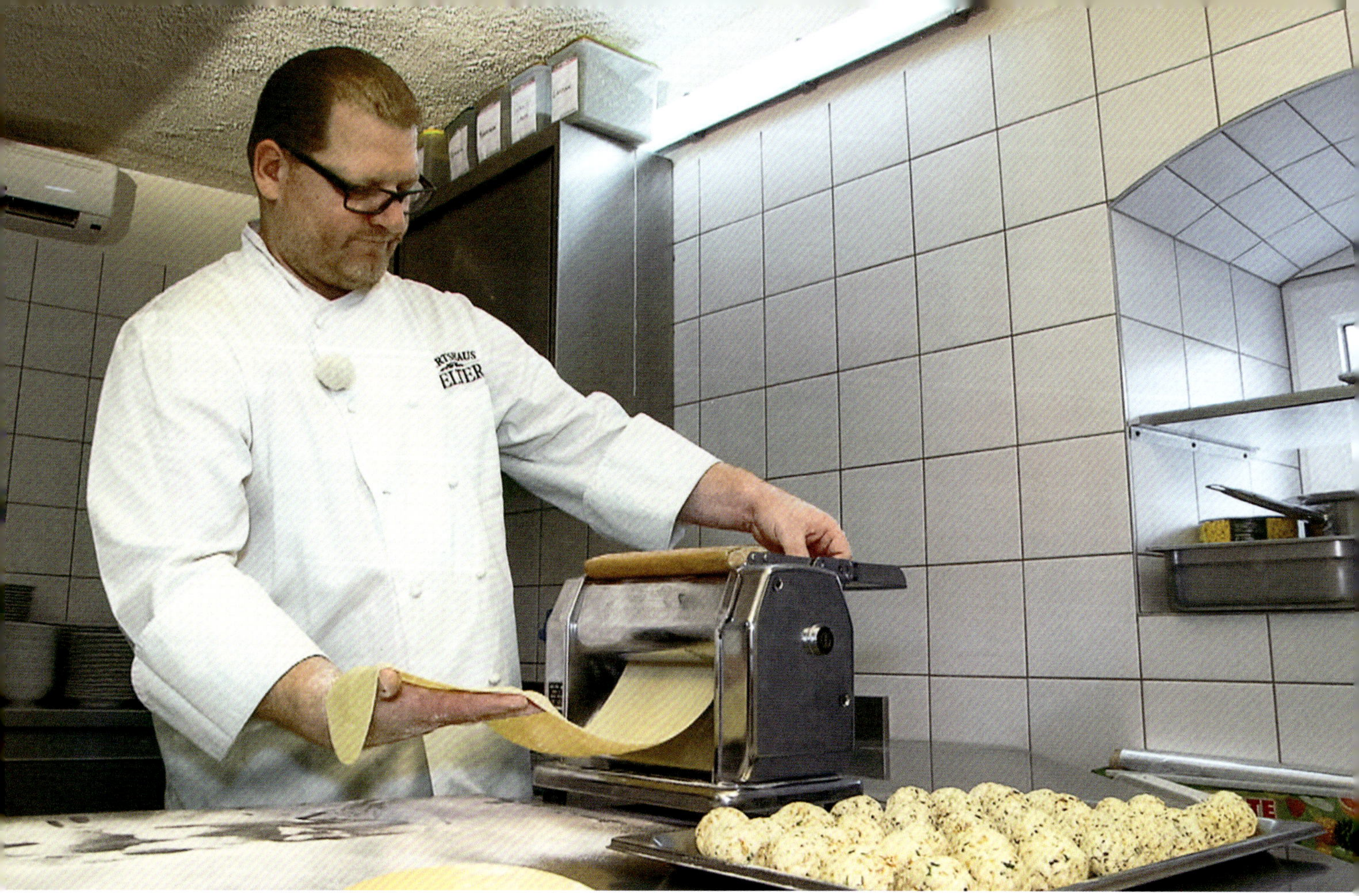

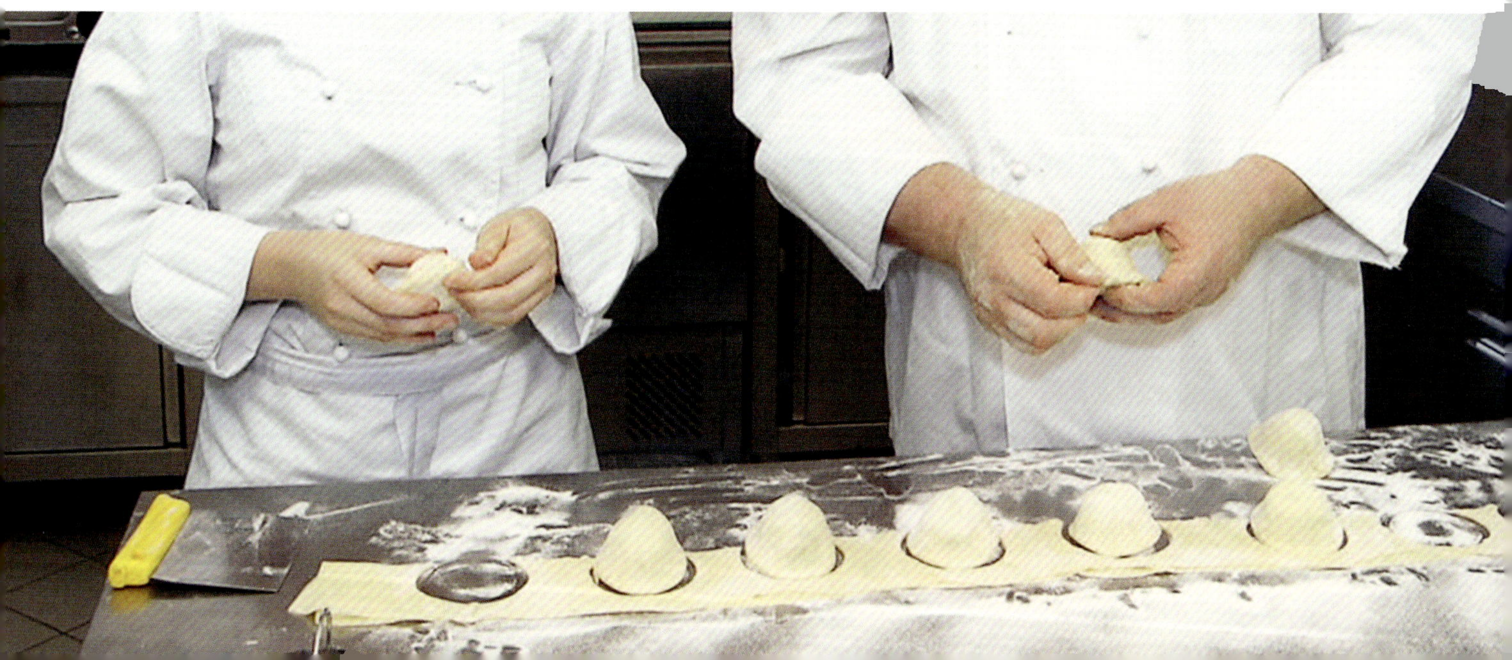

Kärntner Kasnudeln

Teig
1 kg Mehl
3 Eier
100 ml Öl
400 ml Wasser

Fülle
600 g Bröseltopfen
400 g Kartoffeln
2 Zwiebeln
Kerbel
Nudelminze
Petersilie
Salz und Pfeffer

Teig: Mehl, Eier und die flüssigen Zutaten glatt kneten und unter Folie rasten lassen, damit der Teig nicht austrocknet.

Fülle: Die Kartoffeln in leicht gesalzenem Wasser kochen. Wenn sie ausgekühlt sind, werden sie geschält und gepresst. Dazu kommen in Butterschmalz stark angeröstete Zwiebeln. Danach wird Bröseltopfen (er ist nicht so feucht wie normaler Topfen) dazugemischt, auch Kräuter und Gewürze kommen dazu. Wichtig ist laut Küchenchef Christian Gelter, dass Nudelminze verwendet wird, denn sonst schmecken die Nudeln wie Zahnpasta oder Kaugummi. Die Masse gut vermischen und portionieren.

Nun wird der Teig mit einem Nudelwalker oder mit einer Nudelmaschine dünn ausgerollt und mit einem runden Ausstecher ausgestochen. Die Fülle daraufgeben und gut verschließen.

Zur „Königsklasse" bei den Kasnudeln gehört das Krendeln oder Krandln, das im Video (siehe meinhofer.at/Genusswelt) erklärt wird. Die Nudeln danach in nicht kochendem Wasser 15 Minuten lang ziehen lassen.

Angerichtet werden die Kasnudeln mit zerlassener Butter oder zerlassenem Butterschmalz, bestreut wird der Teller mit gehacktem Schnittlauch. Alternativ können auch warme Grammeln darübergestreut werden.

Traditionell wird zu Kasnudeln ein grüner Salat serviert.

Ein Tipp! **Achtung: In Kärnten heißt es: „A Dirndl, dås nit krendeln kån, kriegt kan Månn."**

Alpenlachsfilet im Kartoffelmantel mit Estragontomaten und Kohlrabi-Fenchel-Lasagne

Saibling für 6 Personen
2 Filets vom Arktischen Saibling
  (350 g)
1 große, geschälte Kartoffel
Dotter
Salz, Pfeffer
Limette

Fenchelbutter
2 marktfrische Fenchelknollen
10 geschälte Schalotten
100 g Butter

125 g Crème fraîche
Pernod
Limettensaft
Salz, Cayennepfeffer

Kohlrabi-Lasagne
3 kleine Kohlrabi
je 80 ml Sahne und Milch
50 g Crème fraîche
3 Schalotten
Olivenöl
Thymian

Sepiabackerbsen
90 g glattes Mehl
150 ml Weißbier
Sepia (Tintenfischtinte)
10 g Germ

Estragontomaten
2 Stück reife Rispentomaten
1 Schalotte
Olivenöl
1 EL Estragonblätter

Arktischer Saibling: Zuerst das Saiblingsfilet entgräten und auf 6 gleichmäßige Portionen aufteilen. Die geschälte Kartoffel in hauchdünne Scheiben schneiden. Auf einem Geschirrtuch eine Kartoffelmatte auflegen. Mit Dotter bestreichen und die mit Salz und Pfeffer gewürzten Saiblingsfilets einwickeln. Bei mittlerer Temperatur in Olivenöl auf beiden Seiten anbraten, auf Küchenkrepp abtropfen lassen und sofort anrichten.

Fenchelbutter: Fenchel in feine Streifen schneiden und in Butter ohne Farbe ganz lange anschwitzen. Danach mit Wasser ablöschen, einmal aufkochen und in einem Tourenmixer abseihen. Die Flüssigkeit mit Butter, Crème fraîche, Salz und Cayennepfeffer aufmixen und in eine kleine Sauteuse leeren. Den in Streifen geschnittenen Fenchel in die Kohlrabi-Lasagne einbauen. Mit einigen Tropfen Pernod verfeinern.

Kohlrabi-Lasagne: Den geschälten Kohlrabi in dünne Scheiben schneiden. Kreise ausstechen und im Sahne-Milch-Fond blanchieren. Die Kohlrabischeiben am besten auf einem Blech abkühlen. Den übriggebliebenen Kohlrabi in Streifen schneiden und mit Schalotten in Olivenöl anschwitzen. Den Kohlrabifond reduzieren. Zum Abkühlen auf ein Blech streichen. Kohlrabikreise und Kohlrabifülle abwechselnd wie bei einer Lasagne aufeinander schichten. Kurz vor dem Servieren bei 120 °C 5 Minuten in den Ofen schieben.

Sepiabackerbsen: Alle Zutaten zu einer glatten Masse verarbeiten. In einen Spritzbeutel füllen, kleine Tropfen ins Frittierfett tropfen lassen und ca. 2 Minuten backen. Zum Schluss über das Gericht streuen.

Estragontomaten: Tomaten blanchieren, die Haut abziehen, entkernen, filetieren und in mittlere Spalten schneiden. Die restlichen Tomatenabschnitte im Spitzsieb entsaften.Die klein geschnittene Schalotte in Olivenöl anschwitzen und mit dem Tomatensaft ablöschen. Vor dem Servieren die Tomatenfilets dazugeben, salzen und die Estragonblätter unterheben.

Ein Tipp! Kohlrabi ist drei Tage problemlos im Gemüsefach des Kühlschranks haltbar. Für eine längere Aufbewahrung trennen Sie Knollen und Blätter, da die Blätter sehr viel Feuchtigkeit entziehen. Um das Austrocknen zu vermeiden, kann man außerdem die Knollen in ein feuchtes Tuch wickeln.

Graukasnocken mit cremigem Blattspinat

Nocken
300 g Knödelbrot
250 g Tiroler Graukäse
1 Zwiebel
2 Eier
⅛ l Milch
Salz
Pfeffer
Muskat
Majoran
frischer Schnittlauch

Blattspinat
400 g frischer Babyblattspinat
½ rote Zwiebel
¼ l Schlagobers
Salz
Pfeffer
Muskat
Knoblauch
Maisstärke
Kapuzinerkresse

Zwiebel in heißer Butter anschwitzen. Mit Milch aufgießen und mit Salz, Pfeffer, Muskat und Majoran würzen. Das Knödelbrot mit dem in Würfel geschnittenen Graukäse vermischen und die Eier hineinschlagen. Eine Handvoll Schnittlauch dazugeben. Die Knödelmasse mit der warmen Milch übergießen und 10 Minuten auskühlen lassen. Dann die Masse kräftig durchkneten und 30 Minuten rasten lassen. Inzwischen die rote Zwiebel schneiden und mit dem Blattspinat in einer heißen Pfanne vermischen, Schlagobers dazugießen und würzen. Zum Binden noch etwas aufgelöste Maisstärke hinzugeben.

Aus der Knödelmasse Nocken formen und in brauner Butter herausbraten. Die Nocken auf dem Teller auf dem cremigen Blattspinat anrichten und mit Kapuzinerkresse garnieren.

Ein Tipp! **Der Graukäse ist ein typischer Tiroler Magermilchkäse. Für die Nocken verwendet Marko Gringinger einen halbgereiften, speckigen Graukäse, weil er einen würzigeren Geschmack hat.**

Kaspressknödel

Zutaten für 10 Stück
300 g Erdäpfel
300 g Pinzgauer Käse (magerer
  Bierkäse)
300 g Mehl
1 EL Petersilie
2 TL Salz
Milch
Butterschmalz

Die am Vortag gekochten Erdäpfel grob reiben, den würfe-lig geschnittenen Pinzgauer Käse, Salz, die fein gehackte Petersilie und das Mehl untermischen. Milch nach Bedarf (etwa ¼ l) zugeben. Es soll ein fester Teig entstehen. Laib-chen formen und in heißem Butterschmalz auf beiden Seiten braun herausbacken.

Die Kaspressknödel am besten gleich frisch aus der Pfanne mit Kartoffelsalat oder in Rindssuppe servieren. Sie eignen sich auch hervorragend zum Einfrieren, deshalb am besten einen guten Vorrat anlegen, der sich schnell zubereiten lässt.

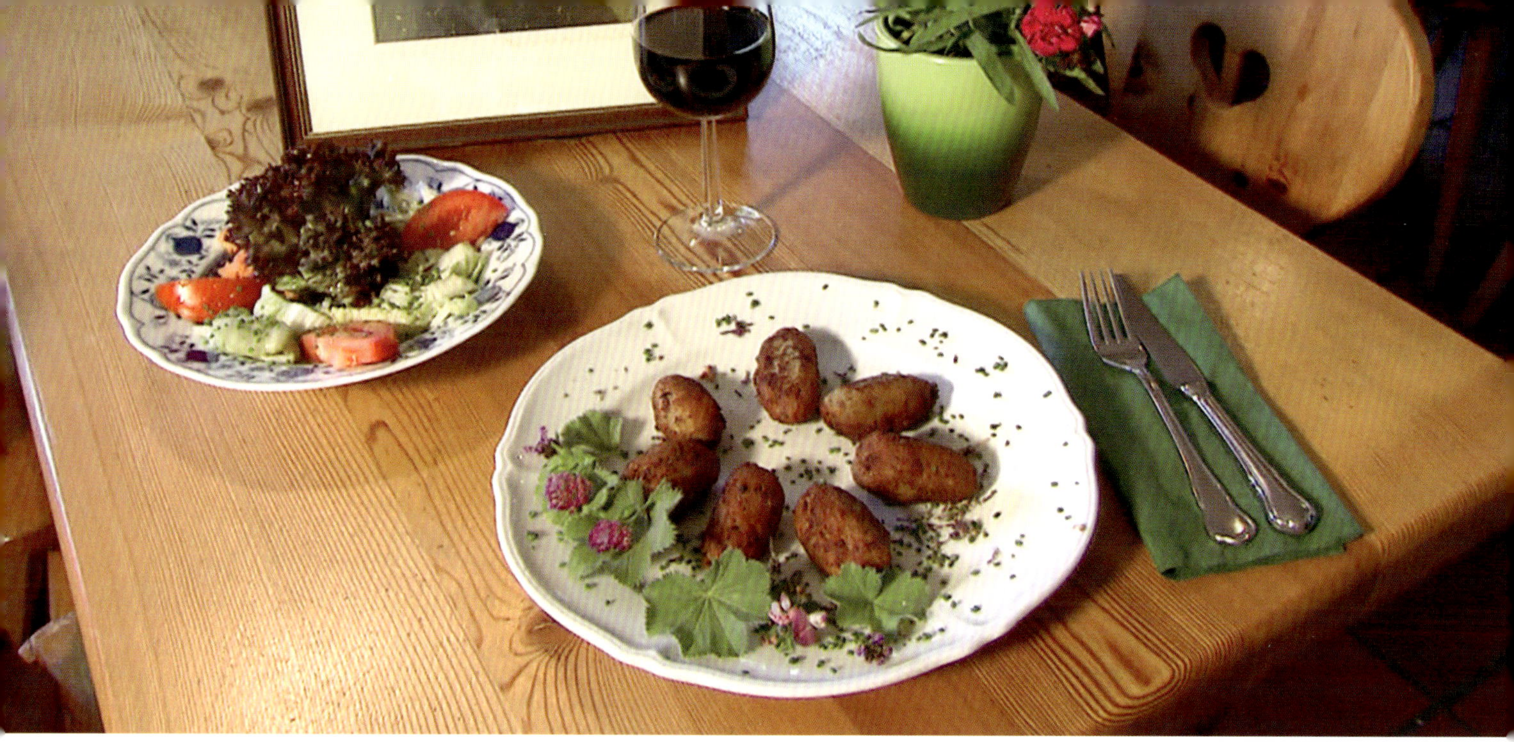

Restaurant zur Geierwally  Elbigenalp

Holzfällernocken

400 g griffiges Mehl
½ l kochendes Wasser
100 g gerösteter, gewürfelter
 Speck
100 g Schmalz (Butter)
Petersilie
Schnittlauch
Wildkräuter
Salz, Pfeffer
evtl. Suppenwürze

Mehl in eine Schüssel geben, heißes Fett mit geröstetem Speck einrühren. Wildkräuter und Gewürze dazugeben. Mit kochendem Wasser mit dem Kochlöffel zügig zu einem festen Teig rühren, wenn notwendig noch etwas Mehl oder Wasser dazugeben. Nocken formen und in heißem Schmalz knusprig backen.

Als Beilage empfiehlt Guido Degasperi verschiedene Blattsalate.

Martinigansl mit Rotkraut und Knödeln

Martinigansl
1 Gans (3,60 kg)
Salz
frischer Majoran
frischer Oregano
1 Apfel

Rotkraut
1 Kopf Rotkraut
Salz

Pfeffer
Kümmel
2 Orangen
1 Zitrone
2 Äpfel
Zucker
Essig
Preiselbeeren
Mehl

Semmelknödel
½ kg Semmelwürfel
½ l Milch
4 Eier
1 kl. Zwiebel
Petersilie
Gewürze

Martinigansl: Die Gans mit Majoran und Oregano (⅔ Majoran und ⅓ Oregano) einreiben und kräftig salzen. Dann den Apfel halbieren und beide Hälften in die Gans geben – am besten am Vortag.

Die Gans in den auf 160 °C vorgeheizten Ofen schieben, nach etwa 2 Stunden die Temperatur für 15 Minuten auf 180 °C erhöhen – fertig!

Den Bratenrückstand mit einem Geflügelfond (aus den Flügeln und Innereien) aufgießen, etwas mit Mehl binden und fertig abschmecken. Die Gans mit der Geflügelschere in Viertel schneiden, mit Semmelknödeln anrichten und mit dem Bratensaft übergießen.

Rotkraut: Am Vortag das Rotkraut und die Äpfel fein schneiden, mit Salz, Pfeffer, Kümmel, frisch gepresstem Orangensaft und etwas Zitronensaft marinieren.

Am nächsten Tag Zucker karamellisieren und mit etwas Essigwasser ablöschen, dann das Kraut dazugeben, nach Bedarf mit der Marinade aufgießen und dünsten lassen. Wenn das Kraut weich ist, einen Löffel Preiselbeeren dazugeben. Zum Schluss bei Bedarf mit Mehl binden.

Semmelknödel: Die Semmelwürfel mit Milch übergießen, Eier, geröstete Zwiebel (überkühlt) und frisch gehackte Petersilie untermengen. Salzen, pfeffern, ½ Stunde ziehen lassen. Dann die Knödelmasse noch einmal ordentlich durchkneten. Knödel in beliebiger Größe formen und diese in kochendes, gesalzenes Wasser geben. Wenn die Knödel aufschwimmen, sind sie fertig.

Montafoner Almkoteletts

Almkoteletts
4 Kalbskoteletts
Salz
ca. 40 g Mehl
50 ml Butterschmalz
Butter für die Form
100 g Speck in Scheiben
1 Bund Estragon, gehackt

1 Bund Kerbel, gehackt
1 Bund Petersilie, gehackt
1 Bund Schnittlauch, gehackt
100 ml Rindsbrühe
20 ml Obstler
150 ml Schlagsahne
150 g Bergkäse
Butterschmalz

15 g Petersilie, gehackt
Salz, Pfeffer

Spätzle
500 g Mehl
5 Eier
150–200 ml Wasser
Salz

Almkoteletts: Kalbskoteletts mit Salz würzen, einseitig bemehlen und in Butterschmalz auf beiden Seiten rasch anbraten. Eine feuerfeste Form buttern und mit Speckscheiben auslegen. Gehackte Kräuter daraufstreuen und Koteletts darauflegen. Bratensatz mit Obstler und Rindsbrühe ablöschen, ein wenig einkochen lassen und über die Koteletts gießen.
Im vorgeheizten Backofen bei 170 °C 20–30 Minuten garen. Geschlagene Sahne und Käse vermischen und die Koteletts für die letzten 10 Minuten damit bestreichen.
Spätzle: Alle Zutaten in einer Schüssel vermengen und mit einem Kochlöffel so lange schlagen, bis der Teig Blasen wirft. Anschließend den Teig zum Beispiel mit einem Spätzlehobel direkt ins kochende und gesalzene Wasser spätzeln. Wenn die Spätzle oben schwimmen, sind sie fertig. Spätzle abtropfen lassen, in einer Pfanne mit dem Butterschmalz schwenken und mit der gehackten Petersilie verfeinern. Nach Belieben mit Salz und Pfeffer nachwürzen.

Obwaldhütta-Pfännli

500 g Schweinefilet
250 g frische Champignons
100 g Zwiebeln
1/8 l Veltliner
ca. 1/4 l braune Grundsoße
ca. 1/8 l Sahne oder Cremefine
Salz
Pfeffer
Schnittlauch

Spätzleteig
500 g Mehl
4 Eier
Wasser
Salz, Muskat
300 g Berg- und Fettkäse

Schweinefilet 3–5 mm dick blättrig schneiden und in der heißen Pfanne kurz anbraten. Sobald das Filet etwas Farbe hat, mit Salz und Pfeffer abschmecken, die fein geschnittenen Zwiebeln kurz mitbraten und die Champignons dazugeben, durchschwenken. Mit Weißwein ablöschen, braune Grundsoße und Sahne beimengen. Nur einmal kurz aufkochen lassen. Das ganze Filetgeschnetzelte in eine feuerfeste Pfanne geben.

Spätzle: Alle Zutaten in einer Schüssel vermengen und mit einem Kochlöffel so lange schlagen, bis der Teig Blasen wirft. Anschließend den Teig mit einem Spätzlehobel direkt ins kochende und gesalzene Wasser spätzeln. Wenn die Spätzle oben schwimmen, sind sie fertig. Spätzle abtropfen lassen, in einer Pfanne mit dem Butterschmalz schwenken und mit der gehackten Petersilie verfeinern. Bei Bedarf mit Salz und Pfeffer nachwürzen.

Dann die Spätzle über das Geschnetzelte geben und mit dem Käse bei 200 °C überbacken. Vor dem Servieren mit Schnittlauch bestreuen.

Figlmüller  Wien

Alle Jahreszeiten

Wiener Schnitzel

Zutaten für 8 Personen
4–5 kg Kalbsnuss
6 Eier
1 Prise Salz
Semmelbrösel
griffiges Mehl
Butterschmalz

Das Fleisch sorgfältig mit einem scharfen Messer zuputzen und in 1–2 cm dicke Scheiben schneiden. Beim Schneiden der Schnitzel auf die Faserrichtung achten: Schnitzelfleisch wird quer zur Faser geschnitten. Die Fleischstücke sanft mit der glatten Seite des Fleischklopfers ausklopfen und auf beiden Seiten salzen. Die Schnitzel zuerst in Mehl wenden, anschließend durch das leicht verschlagene Ei ziehen und mit Semmelbröseln panieren. Die Brösel dabei nicht zu fest an das Fleisch andrücken.

Das Butterschmalz in einer Pfanne erhitzen und die Schnitzel bei 175–180 °C goldgelb herausbacken. Das Schnitzel muss während des Backvorganges im Fett schwimmen und sollte ständig durch leichtes Rütteln der Pfanne in Bewegung gehalten werden, damit die Panier schön soufliert. Der Backvorgang dauert 2–3 Minuten. Die gebackenen Schnitzel auf Küchenpapier abtropfen lassen.

Serviervorschlag: Wiener Schnitzel mit einer Zitronenhälfte und Erdäpfel-Vogerlsalat servieren.

Geröstete Rehleber

Rehleber
Rehleber
1–2 Zwiebeln
¼ l Gemüsebouillon
kalte Butter
frische Gartenkräuter
2 EL griffiges Mehl
Rapsöl

Gewürzmischung
schwarzer Pfeffer
Wacholderbeeren
Majoran
Kurkuma
Curry
Kümmel

Erdäpfelnockerl
500 g mehlige Erdäpfel
Salz
schwarzer Pfeffer aus
  der Mühle
Muskatnuss
Majoran
frische Petersilie
2 Eier
2 EL griffiges Mehl

Die Gewürze im Mörser zerstampfen. Die Rehleber häuten und in Scheiben schneiden, Zwiebel in feine Streifen schneiden; beides in Rapsöl scharf anbraten und mit der Gewürzmischung würzen. Die Rehleber mit Mehl stauben und mit Bouillon ablöschen, solange die Leber noch rosa ist; dann frische Gartenkräuter dazugeben und mit kalter Butter montieren.

Für die Nockerl Erdäpfel in Salzwasser kochen, ausdampfen lassen und danach zerstampfen. Mit Salz, Pfeffer, Muskatnuss und der frischen Petersilie würzen, dann die Eier und das Mehl vorsichtig unterheben. Schließlich den Teig mit einem Löffel ausstechen, Nockerl formen und in Rapsöl herausbacken.

Rindsrouladen mit zweierlei Soßen

Rouladen
4 Rindsschnitzel
Salz, Pfeffer
Estragonsenf zum Bestreichen
100 g Zwiebeln
150 g Wurzelgemüse
Öl zum Anbraten
Mehl zum Bestauben
2 EL Tomatenmark
1 EL Zucker
¾ l Rindssuppe

¼ l Rotwein
grüne Pfefferkörner
1 Lorbeerblatt

Fülle
je 50 g Karotten und gelbe
  Rüben, geschält, gerieben
50 g Sellerie, geschält, gerieben
50 g Speck, fein geschnitten

Zweite Soße
Zwiebel
200 g Wurzelgemüse, geschält,
  in Würfel geschnitten
Butter
Mehl zum Stauben
Sahne
Weißwein
1 Lorbeerblatt
Salz, Pfeffer
Muskatnuss

Rindsschnitzel zwischen Frischhaltefolie plattieren. Fleisch salzen, pfeffern und mit Senf bestreichen. Karotten, gelbe Rüben, Sellerie und Speck in einer Pfanne anbraten und abschmecken. Die Fülle auf die Rindsschnitzel geben und einrollen. Öl erhitzen, Fleisch rundherum anbraten und aus dem Topf heben.

Zwiebeln und Wurzelgemüse im Öl rösten, Mehl einrühren, braun rösten. Tomatenmark und Zucker beigeben, rösten und mit Rotwein und Suppe aufgießen. Gewürze beigeben, die Rouladen in den Saft legen und bei ca. 70 °C über Nacht im Ofen garen (oder im Schnellkochtopf). Für die zweite Soße Zwiebel und Wurzelgemüse anrösten, Mehl einrühren und hell rösten. Mit Sahne und Weißwein aufgießen, Gewürze dazugeben und fertig abschmecken.

Forelle in Salzkruste gegrillt

Forelle
2 Forellen à 350 g
Salz, Pfeffer
Petersilie
Dill
1 Zitrone
2½ kg grobes Salz
200 ml Wasser
4 Eiweiß

Ratatouille-Gemüse
2 Stangen Jungzwiebel
je ½ Zucchini, Zwiebel, Paprika
3 EL Olivenöl
4 EL Tomatensoße
Salz, Pfeffer
Knoblauch
Kräuter

Sauerrahmkartoffeln
6 kleine Kartoffeln
4 EL Sauerrahm
Schnittlauch
Petersilie
Knoblauch
Salz, Pfeffer

Forelle: Forelle putzen, mit Salz und Pfeffer würzen, mit etwas Petersilie, Dill und 3 Zitronenscheiben füllen. Salz, Wasser und Eiweiß gut vermischen und auf Alufolie zu einer ca. 1 cm dicken Schicht streichen. Forelle auf die Salzschicht legen, leicht andrücken und mit der restlichen Salzmasse zudecken.
Den Backofen auf 250 °C vorheizen. Mit der Folie das Paket für 15–20 Minuten auf das Grillgitter auflegen. Wenden ist nicht nötig. Auch wenn die Salzkruste etwas „Grillfarbe" hat, ist der Fisch immer noch saftig. Die Kruste seitlich der Länge nach mit einem robusten Messer vorsichtig aufschneiden oder aufklopfen, die obere Haut des Fischs zur Seite ziehen und die Forellenfilets sind servierfertig.
Ratatouille-Gemüse: Gemüse schneiden, in einer Pfanne in Olivenöl anschwitzen, Tomatensoße dazugeben und mit Salz, Pfeffer, Knoblauch und Kräutern abschmecken.
Sauerrahmkartoffeln: Kartoffeln kochen und schälen. Sauerrahm mit den Kräutern und Gewürzen verrühren und in einen Spritzbeutel füllen. In die gekochten Kartoffeln mit einem Ausstecher für Kerngehäuse der Länge nach ein Loch stechen und mit Kräuterrahm füllen.

Ein Tipp! Durch die Salzkruste wird der Fisch besonders zart und bleibt überaus saftig.

⇦ links: Rindsrouladen; rechts: Forelle in Salzkruste

Seehaus Riegersburg  Riegersburg

Gemüsegröstl mit karamellisierten roten Rüben

Gemüsegröstl
ca. 300 g pro Portion
gelbe Rüben, Karotten, Stangen-
  sellerie, Zucchini
ca. ½ kg fest kochende
  Kartoffeln
Jungzwiebeln
Salz, Pfeffer
Thymian, Majoran
Kümmel
Kren
Olivenöl

Geschmorte Rüben
4 kleine rote Rüben
1 EL Zucker
Salz
3 EL Balsamico-Essig
schwarzer Pfeffer
Maizena

Gemüsegröstl: Für das bunte Gemüsegröstl werden die in Streifen geschnittenen gelben Rüben, Karotten und der Stangensellerie für wenige Minuten blanchiert. Das Gemüse danach in Eiswasser abkühlen lassen.

Zu einem typischen Gröstl gehören Kartoffeln, die in Scheiben geschnitten kurz auf beiden Seiten in Olivenöl angebraten werden. In die heiße Pfanne kommen auch noch Jungzwiebeln und Zucchini. Kräftig mit Thymian und Majoran würzen. Das Ganze nun mit dem blanchierten Gemüse in heißem Öl schwenken.

Geschmorte rote Rüben: Die roten Rüben mit Schale in Salzwasser kochen und auskühlen lassen. Danach schälen und in Würfel schneiden. Zucker karamellisieren und mit Balsamico-Essig ablöschen. Anschließend die Rüben dazugeben und mit Zucker, Salz und schwarzem Pfeffer würzen und mit Maizena binden. Wer mag, krönt das bunte Gemüsegröstl noch mit geriebenem Kren.

Geselchtes mit Kraut und Strudelknödeln

Strudelknödel
500 g glattes Mehl
1 TL Salz
1 EL Öl
ca. ⅛ l lauwarmes Wasser
1 Ei
1 EL Essig
1 Stückchen Butter
Grieß

Krautsalat
1 Kopf Weißkraut
Kümmel
Salz
Zucker
Essig
100 g Speck

Gekochtes Geselchtes: 1 Stück Geselchtes in kochendes Wasser geben und ca. 40 Minuten kochen lassen.

Strudelknödel: Auf dem Brett: Das Mehl aufs Brett sieben, in der Mitte ein Grübchen machen und die übrigen Zutaten einarbeiten, bis ein weicher Teig entsteht, den man knetet oder schlägt, bis er glatt ist. Das mit Öl befettete Laibchen unter einer warmen Schüssel eine halbe Stunde rasten lassen. Dann den Teig ausrollen, nochmals mit Öl bestreichen, ein bisschen Grieß und Butter in die Mitte des Teiges legen und zusammenfalten. In kochendes Salzwasser geben und 5–8 Minuten kochen lassen.

Krautsalat: Fein gehackten Kümmel mit Salz und Zucker in Essig aufkochen. Das fein geschnittene Weißkraut damit übergießen oder noch dünsten. Zum Schluss geröstete Speckwürfel dazugeben und fertig ist der warme Krautsalat.

Gebackener Krauthäuptl auf Kernölvinaigrette

Krauthäuptl
2 Krautherzen
Ei
Mehl
Brösel zum Panieren

Vinaigrette
1 Zwiebel
1 Paprika
Prise Zucker
Salz
4 EL Kernöl
4 EL Apfelessig

Die Krautherzen halbieren, mit Mehl, Ei und Bröseln auf der Schnittstelle panieren und in einer Pfanne mit wenig Öl knusprig anbacken, umdrehen und kurz ziehen lassen.
Für die Vinaigrette den Paprika schälen, mit der Zwiebel in kleine Würfel schneiden und mit den restlichen Zutaten zu einer Vinaigrette rühren.
Die gebackenen Krautherzen mit der knusprigen Seite nach oben auf die Vinaigrette legen – fertig.

Brennnesselknödel mit Schinken-Lauchsoße

Brennnesselknödel

250 g Semmelwürfel, getrocknet
3 Eier
$\frac{1}{16}$ l Öl
1 Zwiebel
¼ l Milch
2–3 EL griffiges Mehl
100 g Brennnesselblätter
Salz, Pfeffer
Majoran, Knoblauch
Muskat zum Würzen

Schinken-Lauchsoße

1 kleine Stange Lauch
200 g Schinken, mager
1 kleine Zwiebel
Obers, Salz, Pfeffer

Knödel: Zwiebel in Öl anschwitzen, Milch dazugeben und aufkochen, über das Knödelbrot gießen, gut durchmischen. Die Masse etwas auskühlen lassen. Währenddessen die Brennnesselblätter blanchieren und grob hacken. Alle Zutaten mit dem Knödelbrot mischen. Andrücken und 1 Stunde rasten lassen. Kleine Knödel formen und diese in kochendem Wasser zugedeckt etwa 20 Minuten kochen.

Soße: Lauch gut waschen und in feine Scheiben schneiden. Schinken in kleine Würfel schneiden. Zwiebel fein schneiden. Zwiebel hell anschwitzen, Schinken dazugeben, Lauch ebenfalls mitrösten. Mit Obers aufgießen und solange kochen, bis der Lauch weich ist. Mit Salz und Pfeffer würzen.

77

Bierschnitzerl mit Biersoße

Bierschnitzel

4 Truthahnschnitzel à ca. 170 g
Salz, Pfeffer
Öl zum Anbraten
60 g Zwiebelwürfel
300 g Champignons
1 TL Zucker
1–2 EL glattes Weizenmehl (je nach gewünschter Konsistenz der Soße)
150 ml Bier (Helles oder Weizenbier)
300 ml Rindssuppe
150–200 ml Schlagobers
40 g Butter
Majoran

Bierschnitzel: Schnitzel beidseitig dünn klopfen, salzen und pfeffern. In einer beschichteten Pfanne wenig Öl erhitzen und die Schnitzel von beiden Seiten her kurz anbraten. Hitze reduzieren und zugedeckt ca. 8 Minuten nachgaren lassen. Für die Biersoße Zwiebeln und Champignons in etwas Butter anschwitzen, Zucker dazugeben und mit Mehl stauben. Mit Bier ablöschen, Suppe und Obers dazugießen und die Soße gut einkochen lassen. Mit Majoran, Salz sowie Pfeffer würzig abschmecken. Schnitzel anrichten und servieren.

Beilagen: Braterdäpfel, Pommes frites oder Spätzle sowie Salat nach Belieben.

Ein Tipp! **Passen Sie auf, dass das Bier beim Erwärmen nicht einkocht, sonst schmeckt es bitter.**

Gasthaus zum Kurta  Gritsch

Winter

Karpfen auf Kürbisgemüse

4 Karpfenfilets à 200 g
2 kleine oder 1 mittelgroßer
  Kürbis (Sorte egal)
2 Zwiebeln
süßes Paprikapulver
2 Zehen Knoblauch
Öl
2 EL Sauerrahm
Mehl
Dille
Rosmarin oder Thymian
Salz
Pfeffer
Essig
Zitronensaft

Kürbis schälen und raspeln. Zwiebeln fein hacken und in Öl hell anschwitzen, kurz vom Herd nehmen und das Paprikapulver schnell darin verrühren. Mit einem Schuss Essig aufgießen. Kürbis dazugeben und das Ganze etwa eine Viertelstunde dünsten lassen. Nach Bedarf mit etwas Mehl stauben. Sauerrahm einrühren und das Gemüse mit Salz und Pfeffer abschmecken.

Karpfenfilets trocken tupfen, mit Salz und Pfeffer würzen. In einer Pfanne in etwas Öl und Butter von beiden Seiten anbraten (zuerst auf der Hautseite), Kräuter in die Pfanne geben. Vor dem Umdrehen mit Zitronensaft beträufeln. Karpfenfilets auf dem Kürbisgemüse servieren.

Das Kürbisgemüse passt auch zu Schweinsbraten, gefülltem Kalbsbraten, gebratenen Polentascheiben oder ganz einfach zu heurigen Erdäpfeln.

Backhennele mit Kartoffelsalat

Backhennele
2 geputzte Hühner
150 g glattes Mehl
250 g Semmelbrösel
3 Eier
Salz
weißer Pfeffer
Saft einer halben Zitrone
frisch geriebene Ingwerwurzel

½ l Pflanzenöl oder Butterschmalz
4 Zitronenspalten
4 Tomatenspalten
1 Bund Petersilie

Kartoffelsalat
500 g speckige Kartoffeln (Salat-
   kartoffeln)
Salz

Pfeffer
Zucker
Kümmel
1 Zwiebel
1 TL Senf
125 ml Rindssuppe
20 ml Essig
20 ml Öl
20 g gehackte Petersilie
Bärlauch (im Frühling)

Backhennele: Für das Backhennele werden die Hühner gewaschen und mit einer Küchenrolle trocken getupft. Die Haut abziehen und die Brust vom Knochen trennen. Dann die Brust halbieren, damit man die Brustspitze später backen kann, denn sie hat keine Knochenanteile und ist somit früher fertig. Die Keule wird beim Gelenk leicht eingeschnitten.

Die Hühnerstücke mit Salz, Pfeffer, Zitronensaft und Ingwer einreiben und panieren. Dafür Mehl, Eier und Semmelbrösel jeweils in einen tiefen Teller oder eine Schüssel geben, die Eier mit einer Gabel verquirlen. Die Hühnerstücke zuerst in Mehl wenden, überschüssiges Mehl abklopfen, dann im verquirlten Ei wenden, ebenfalls etwas abtropfen lassen und zum Schluss in den Bröseln panieren.

Währenddessen ausreichend Öl oder Schmalz in einer Pfanne erhitzen. Dann die Hühner-stücke im Öl schwimmend bei kleiner Hitze langsam 8–10 Minuten goldbraun backen, wen-den und auf der anderen Seite weitere 8–10 Minuten fertigbacken. Darauf achten, dass das Öl oder Schmalz nicht zu heiß ist! Das Backhennele kann auch in einer Fritteuse zubereitet werden.

Nun das Backhennele mit Petersilie, Tomatenspalten und Zitronenspalten anrichten.

Kartoffelsalat: Kartoffeln mit Salz und Kümmel weich kochen. Dann schälen und blättrig schneiden. Für die Marinade Senf, Rindssuppe, Essig und Öl heiß machen. Fein geschnittene Zwiebel und heiße Marinade zu den Kartoffeln geben, Salz, Zucker und Pfeffer ergänzen. Anschließend mit Petersilie und Bärlauch verfeinern.

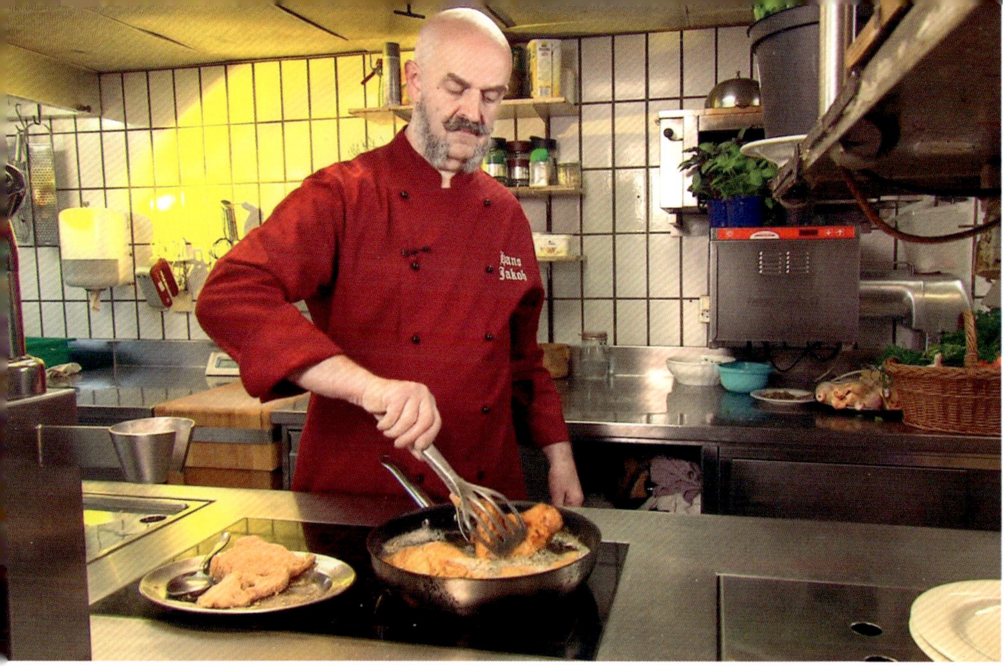
Hans
Jakob

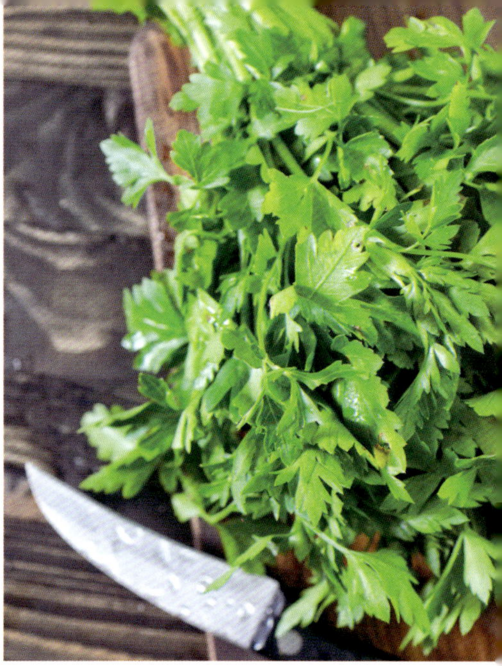

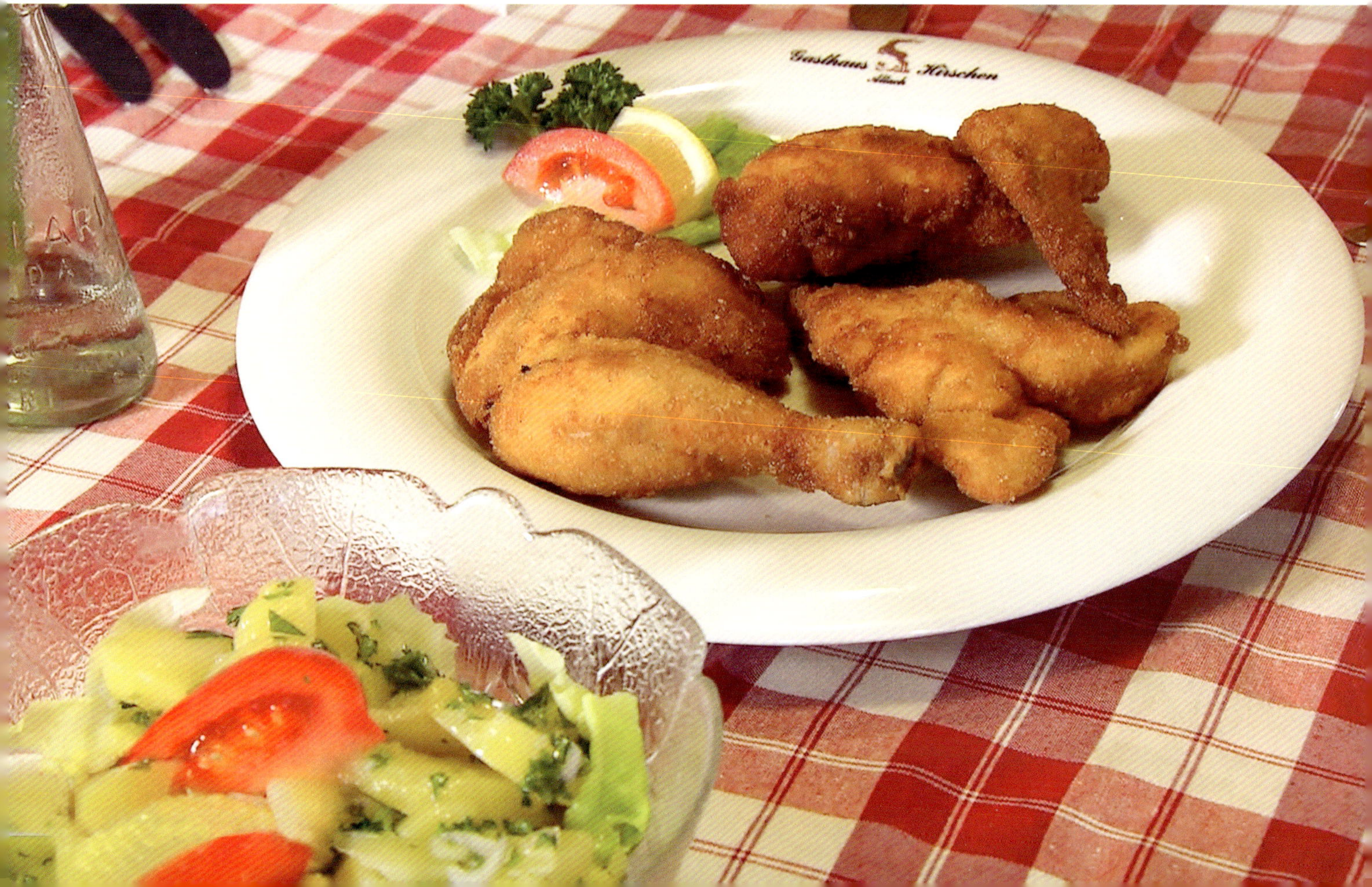
Gasthaus Hirschen

Tafelspitz mit Wurzelgemüse und Erdäpfeln

ca. 2 kg Tafelspitz
ca. 5 l Wasser (oder Brühe)
15 Pfefferkörner
½ Stange Lauch, halbiert,
  gewaschen oder Jungzwiebeln
350 g Wurzelwerk, geschält
  (Karotte, Sellerie)
1 Zwiebel mit Schale
Liebstöckel

Gartenkräuter nach Geschmack
Salz
Schnittlauch

Apfelkren
300 g Äpfel
3 EL Zitronensaft
40 g Kren
Salz
Senf

Krensoße
2 EL Mehl
50 g Butter
¼ l Brühe
3–5 EL Kren
1 Apfel
Salz
2 EL Sahne

Wasser mit Pfefferkörnern aufkochen, Fleisch einlegen und bei schwacher Hitze 2,5–3 Stunden köcheln. Aufsteigenden Schaum entfernen.

Lauch putzen, Wurzelgemüse schälen, Jungzwiebeln ungeschält in 2–5 cm dicke Scheiben schneiden. Zwiebel halbieren, aber nicht schälen.

Etwa 30 Minuten vor dem voraussichtlichen Garende Wurzelgemüse, Lauch, Zwiebeln und ein wenig Liebstöckel sowie die Gartenkräuter in die Suppe geben. Salzen und abschmecken. Erdäpfel schälen und in Salzwasser kochen.

Gekochtes Fleisch aus der Suppe heben, in fingerdicke Scheiben schneiden, mit Kartoffeln und dem gekochten Wurzelgemüse auf dem Teller anrichten und mit Schnittlauch bestreuen. Dazu eine Krensoße oder auch Apfelkren servieren.

Apfelkren: Äpfel schälen, vierteln, Kerngehäuse entfernen, fein raspeln oder pürieren, mit Zitronensaft vermischen. Kren reiben und 1 Prise Salz unterrühren, mit einem Tupfen Senf verfeinern.

Krensoße: Mehl in Butter anschwitzen und mit Fleischbrühe löschen. Geraspelte Krenwurze und die doppelte Menge geraspelten Apfel unterrühren, nach Belieben salzen und mit Sahne abrunden.

Gefüllter Schweinebauch mit Honig-Speck-Kraut

Schweinebauch für 6 Personen
2½ kg Schweinebauch
⅓ l Milch
4 Eier
400 g Semmelwürfel
50 g Zwiebel
Butter
Muskatnuss
Salz
Pfeffer
Kümmel
5 Knoblauchzehen
frische Kräuter: Petersilie,
  Schnittlauch, Thymian,
  Rosmarin, Liebstöckel

Honig-Speck-Kraut
1 Kraut
80 g Speck (würfelig geschnitten)
60 g Honig
1 Spritzer Most
Salz
Pfeffer
1 Prise Kümmel

Schweinebauch: Milch und Eier in einen Topf geben und verquirlen, Muskatnuss reiben, gut salzen und pfeffern. Zwiebel in Butter andünsten, die gehackten Kräuter dazugeben. Mit der Milch-Eier-Mischung aufgießen. Die Flüssigkeit über die Semmelwürfel schütten und einwirken lassen. Mit den Händen zu einer gleichmäßigen Masse kneten. Achtung: Die Masse soll nicht zu flüssig sein, da sie sonst später aufquillt und der Schweinebauch platzen könnte.

Mit einem langen Messer eine Tasche in den Schweinebauch schneiden. Die Brotmasse hineindrücken und mit Küchengarn zunähen. Die Schwarte mit einem scharfen Messer rautenförmig einritzen. Das ist wichtig, damit man später die Kruste essen kann. Mit reichlich Salz, Pfeffer, frischem Knoblauch und Kümmel einreiben.

Den Kugelgrill auf 180 °C vorheizen und den Schweinebauch etwa 2½ Stunden indirekt grillen. Als Faustregel gilt: Pro Kilogramm Fleisch 1 Stunde auf dem Grill einplanen.

Honig-Speck-Kraut: Kraut putzen, waschen und in Würfel schneiden. Den Speck in der Pfanne glasig anschwitzen. Das Kraut hinzufügen und kurz mitrösten. Den Honig einrühren, karamellisieren lassen und mit einem Spritzer Most ablöschen. Mit Salz, Pfeffer und Kümmel würzen.

Ein Tipp! **Wer keinen Kugelgrill hat, kann das Fleisch auch im Backrohr bei Ober- und Unterhitze garen. Auf einem offenen Grill funktioniert es nicht. Das fertige Fleisch in nicht zu dünne Scheiben schneiden.**

Entenbrust mit Pfefferkirschen und Mohnnudeln

Pfefferkirschen
1 rote Zwiebel
1 EL Kristallzucker
Salz
grüne Pfefferkörner in Lake
$1/16$ l kräftiger Rotwein
100 g entkernte Kirschen

Entenbrust
2 große Flugentenbrüste
Salz
Pfeffer
etwas Öl

Mohnnudeln
250 g geriebene Kartoffeln
Salz
25 g Kartoffelstärke
65 g glattes Mehl
1 Dotter
10 g frischer Blaumohn

Pfefferkirschen: Zunächst wird die Zwiebel geschält, würfelig geschnitten und glasig angeschwitzt, schließlich gut durchmischt und mit Zucker bestreut. Nachdem der Zucker karamellisiert ist, werden die Zwiebelstücke mit Rotwein abgelöscht, auf kleiner Flamme einreduziert und mit den Pfefferkörnern und Kirschen bestreut.

Entenbrust: Die Entenbrüste auf der Hautseite kreuzweise einschneiden und in der Pfanne mit der Haut nach unten in Öl scharf anbraten. Danach wenden und auf der zweiten Seite scharf anbraten, sodass sich die Poren schließen. Schließlich das Fleisch 8–10 Minuten lang in der Pfanne vorsichtig braten. Danach sollte die Entenbrust noch einige Minuten rasten.

Mohnnudeln: Aus den Zutaten einen Teig kneten und Schupfnudeln formen. Diese in Salzwasser kochen, abseihen, in einer Pfanne kurz anbraten und mit frisch geriebenem Blaumohn bestreuen.

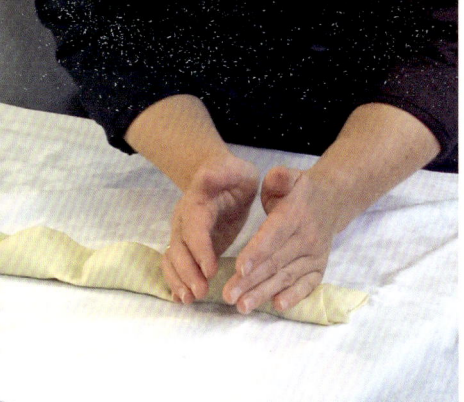

Alle Jahreszeiten

Z'sammg'legte Knödel in Almo-Rindssuppe

Strudelteig
400 g glattes Mehl
2 EL Öl
¼ l lauwarmes Wasser
1 Ei
1 Schuss Essig
Salz
Öl zum Bestreichen

Füllung
200 g Olivenöl
1–2 Knoblauchzehen, fein gehackt
2 Zwiebeln, fein gehackt
2–3 EL Grieß
200 g Semmelwürfel
Rindssuppe zum Befeuchten
Salz
Pfeffer
etwas Petersilie
evtl. 100 g Grammeln

Strudelteig: Alle Zutaten in eine Rührschüssel geben und mit den Knethaken mindestens 10 Minuten kneten; eventuell mit der Hand nachkneten. Dann zu einer Kugel formen, auf einen Teller geben und mit etwas Öl bestreichen; mit Frischhaltefolie abdecken und an einem warmen Ort mindestens ½ Stunde rasten lassen (am besten wäre über Nacht).

Füllung: Öl in einer Pfanne erhitzen, Zwiebeln und Knoblauch leicht anrösten, Grieß und Semmelwürfel dazugeben und kurz mitrösten. In eine Schüssel geben, mit der Rindssuppe anfeuchten, gut durchrühren und mit Salz, Pfeffer und Petersilie je nach Geschmack würzen.

Den Teig halbieren und auf einem bemehlten Strudeltuch nicht zu dünn ausrollen. Auf einer Hälfte die Fülle verteilen, den restlichen Teig mit etwas Öl bestreichen und zu einem Strudel einrollen. Den Teig in Stücke schneiden, an beiden Enden zusammendrücken und in Salzwasser kurz aufkochen lassen. Anschließend etwa 15 Minuten ziehen lassen.

In kräftiger Rindssuppe – vorzugsweise mit gutem Rindfleisch und frischem Wurzelgemüse gekocht – mit feinem Suppengemüse garniert servieren und genießen.

NACHSPEISEN

Topfenstrudel

Strudelteig für 4 Strudel
½ l lauwarmes Wasser
1 TL Salz
20 ml Essig
⅛ l Öl
ca. 800 g glattes Mehl

Topfenfülle
700 g Butter
700 g Zucker
12 Eier
3 kg Speisetopfen (20 %)
40 ml Rum
40 ml Zitronensaft
4 EL Rosinen

Strudelteig: Mehl, Wasser, Salz, Essig und Öl zu einem geschmeidigen Teig knetet. Danach wird der Teig geteilt und mit der Hand geschliffen. Anschließend gibt man die zwei Teigteile in zwei separate Schüsseln und bestreicht sie mit Öl. Den Teig etwa 1 Stunde bei Zimmertemperatur rasten lassen. Währenddessen bereitet man die Topfenfülle zu.

Topfenfülle: Zuerst die weiche Butter und den Zucker schaumig schlagen, dann nach und nach die Eier dazugeben. Den Topfen unter die Masse heben. Rum und Zitronensaft hinzumischen. Abschließend vorsichtig die Rosinen unterheben.

Strudel: Hat der Teig 1 Stunde gerastet, werden zwei Bleche mit Butter eingerieben und zwei Eier verquirlt. Den Ofen auf 170 °C vorheizen. Den Teig mit Mehl stauben. Dann wird der erste Teigteil wie im Video (meinhofer.at/Genusswelt) gezogen. Ist der Teig groß genug, wird er auf ein Tuch gegeben und auf beiden Teilen wird die Topfenmasse aufgestrichen. Nun den Teig in der Mitte teilen, beide Hälften einschlagen und beide Strudel auf das Blech legen. Dasselbe mit dem zweiten Teigteil machen. Alle 4 Strudel mit Ei bestreichen und 40 Minuten im vorgeheizten Backrohr backen.

Landhotel Hauserbauer 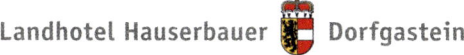 Dorfgastein

Wetzsteinnudeln

Zutaten für 35–40 Stück
80 g Butter
¾ l Milch
3 P. Trockengerm
1 kg Weizenmehl 700
3 TL Vanillezucker
20 g Salz
3 Eier
100 g Zucker
20 ml Rum

Mehl in eine Schüssel geben, Vanillezucker, Salz und Trockengerm dazugeben und vermischen. Butter in einem Topf schmelzen, Milch dazugeben und erwärmen. Butter-Milchgemisch mit den restlichen Zutaten verrühren und den Teig schlagen, bis er kleine Blasen macht. Danach ca. 45 Minuten rasten lassen. Anschließend die Arbeitsplatte bemehlen und den Teig mit den Händen ausrollen. Den Teig in ca. 50 g große Stücke teilen, ausziehen, mit Marmelade füllen und am Rand gut zusammendrücken. Die Teigstücke im tiefen Fett goldbraun backen und mit Staubzucker bestreuen.

Ein Tipp! **Formen Sie die Wetzsteinnudeln und backen Sie diese ohne Marmelade. Wenn die Nudeln fertig sind, kann man die Marmelade nachträglich einspritzen. So kann die Marmelade nicht ins Fett gelangen.**

Apfelknödel in Mostsoße

Apfelknödel	**Mostsoße**
500 g Äpfel	600 ml Most
100 g Butter	150 g Zucker
100 g Brösel	2 Eier
70 g geriebene Nüsse	20 g Maizena
1 TL Nelkenpulver	4 Gewürznelken
3 Msp. Zimt	1 Zimtrinde
90 g Zucker	
Rosinen nach Belieben	

Apfelknödel: Äpfel schälen, entkernen, kleinwürfelig schneiden und in Butter nicht zu weich dünsten. Brösel und Nüsse vorsichtig anrösten. Alle Zutaten mit der Apfelmasse verrühren und abkühlen lassen. Knödel formen, mit Mehl, Ei und Bröseln panieren und in heißem Öl herausbacken.

Mostsoße: 450 ml Most mit Gewürzen und Zucker aufkochen, 150 ml Most mit Eiern und Maizena verrühren und in den nicht kochenden Most einrühren. Vorsichtig erwärmen, bis die Masse bindet.

Apfelknödel und Mostsoße warm servieren.

Mostpudding

4 Eier
140 g Zucker
120 g Brösel
Zimt
1 Prise Salz
Vanillezucker
1 l Most
½ l Wasser
Zitronenschale
Zimtrinde
Nelken
Honig

Dotter mit Zucker schaumig schlagen. Eiklar mit Salz zu einem festen Schnee schlagen. Dottermasse, eine Messerspitze Zimt und die Brösel in den Schnee einheben. In eine Guglhupfform geben und bei mittlerer Hitze ca. 35 Minuten backen.

Jetzt geht es an die eigentliche Besonderheit des Mostpuddings: Hierfür wird Most mit Wasser, Zitronenschale, Nelken, Zimtrinde und Honig aufgekocht. Damit übergießt man dann den gebackenen und ausgekühlten Kuchen. Die Mehlspeise kalt stellen und mit geschlagenem Obers und Schokoflocken verfeinern. Das Gericht ist im Sommer sehr erfrischend, schmeckt aber in den kalten Monaten als Nachspeise ebenso gut.

links: Mostpudding; rechts: Tiramisu ⇨

Tiramisu auf Steirisch

600 g steirische Äpfel
5 Eier
300 g Kristallzucker
150 g glattes Mehl
Staubzucker zum Besieben der
  Biskotten
6 Blatt Gelatine
2 P. Vanillepuddingpulver
1 l steirischer Apfelsaft
400 g Schlagobers
Zitronensaft
Zimt
Läuterzucker
Rum
Vanillezucker

Die Eier trennen, dann die Dotter mit 50 g Zucker und etwas Vanillezucker schaumig rühren. Das Eiweiß mit 100 g Kristallzucker und 1 Prise Salz zu Schnee schlagen. Beide Massen mit dem Mehl vermischen, Biskotten aufdressieren und mit Staubzucker besieben. Bei 210 °C und geöffnetem Zug backen.

Für das Apfelmus ½ kg geschälte Äpfel mit etwas Zucker, Zimt und Zitronensaft weichdünsten und passieren.

Für die Creme die Gelatine mit kaltem Wasser quellen lassen. ½ l Apfelsaft mit dem Vanillepuddingpulver und 150 g Zucker zu einem Pudding kochen. Ausgedrückte Gelatineblätter im heißen Pudding auflösen und Apfelmus einrühren, abkühlen lassen; vor dem Anstocken das geschlagene Schlagobers unterheben

Die Tränke besteht aus Apfelsaft, Läuterzucker und Rum. Die getränkten Biskotten und die Creme abwechselnd in Gläser schichten und kalt stellen. Vor dem Servieren mit einem Gemisch aus Zimt und Staubzucker besieben.

Valentinskrapfen

Zutaten für ca. 30 Krapfen
½ l Milch
700 g Mehl
7–10 Dotter
150 g Zucker
10 g Salz
Gewürze (Vanilleschote)
flüssige Zitrone
1 Stamperl Rum 38 %
140 g Butter

Wichtig ist, ein gutes Weizenmehl zu verwenden. Damit macht man einen Vorteig – ein klassisches Dampfl. Dazu werden Mehl, Hefe und Milch zu gleichen Anteilen verrührt. Beim Dampfl sollte die Milch nicht zu kalt sein. Das Dampfl wird zugedeckt und 2–3 Stunden warmgestellt, bis es Blasen wirft. Wenn der Teig arbeitet, bildet sich nämlich der typische Geschmack.

Milch, Mehl, Dotter, Zucker, Salz, Vanilleschote, Zitrone, Rum und Butter werden sanft vermischt. Dann kommt das Dampfl dazu und es wird kräftiger gerührt. Wichtig ist, dass der Teig nicht zu fest ist. Außerdem sollte man gut kneten, damit viel Sauerstoff hineinkommt, denn den braucht der Teig, um gut aufzugehen.

Wenn sich der Teig vom Rand löst, ist er fertig. Zugedeckt soll er wieder 1 Stunde rasten. Dann wird er geteilt und man muss wieder 1 Stunde warten. Für einen Krapfen muss man sich Zeit nehmen. Dafür geht es dann im 170 °C heißen Fett umso schneller. Nach 4 Minuten kann er rausgenommen und gleich nach dem Abtropfen mit Marillen- oder Himbeermarmelade befüllt werden. Ein echter Valentinskrapfen wird übrigens auch mit Liebe verspeist.

Karamellisierter Sauerrahmschmarrn

Sauerrahmschmarrn
170 g Sauerrahm
4 Dotter
30 g Maisstärke (Maizena)
1 TL Vanillezucker
Orangen- und Zitronenabrieb
4 Eiweiß
45 g Zucker
etwas Butter und Zucker zum
  Karamellisieren

Sauerrahmsoße
150 g Sauerrahm
je 40 g Obers und Staubzucker
80 g Topfen
Vanillezucker
etwas Zitronensaft

Marinierte Erdbeeren
120 g Erdbeeren
10 ml weißer Balsamico-Essig
30 ml Martini Asti
1 TL fein geschnittenes Basilikum
Zucker nach Bedarf

Sauerrahmschmarrn: Sauerrahm, Dotter, Maisstärke, Vanillezucker und etwas Orangen- und Zitronenabrieb in einer Rührschüssel glatt rühren. Eiweiß und Zucker separat in einer Schüssel aufschlagen. Dann die Sauerrahm-Masse vorsichtig in den Eischnee unterheben.
In einem Reindl 1 Teelöffel Zucker karamellisieren, das Reindl mit Butter ausfetten. Die Sauerrahm-Masse in das Reindl geben und bei 170 °C Heißluft im vorgeheizten Ofen ca. 15 Minuten backen.
Sauerrahmsoße: Alle Zutaten verrühren, mit Zitronensaft und Vanillezucker abschmecken.
Marinierte Erdbeeren: Erdbeeren in kleine Würfel schneiden, mit Balsamico-Essig und Martini marinieren. Basilikumblätter hinzufügen und vorsichtig unterheben, mit Zucker abschmecken. Zum Schluss mit Erdbeeren und Zitronenmelisse garnieren und mit Staubzucker vollenden.

Gasthaus Kurta 🛡 Güssing

Rhabarberstrudel mit Vanillesoße

Fülle
½ kg Rhabarber
100 g Rohrohrzucker
2 TL Vanillezucker
100 g geriebene Walnüsse
50 g Semmelbrösel
1 EL Kristallzucker
Zimt
80 g Butter

Strudelteig
250 g griffiges Mehl
⅛ l lauwarmes Wasser
2 EL Öl
Salz
1 Ei
flüssige Butter oder Margarine
  zum Bestreichen

Vanillesoße
½ l Milch
2 Dotter
1 EL Vanillezucker
3 EL Rum
50 g Vanillepuddingpulver

Fülle: Den geschälten Rhabarber in ca. 2–3 cm lange Stücke schneiden, mit Vanillezucker und Zimt verrühren. Nüsse, Brösel und Rohrohrzucker mit Butter rösten, auskühlen lassen.
Strudel: Die Zutaten zu einem Strudelteig verkneten. Strudelteig ausziehen, mit zerlassener Butter oder Margarine bestreichen, Nuss-Brösel-Gemisch auf zwei Dritteln des Teiges verteilen, Rhabarberstücke darauflegen. Teigränder für eine Suppeneinlage abschneiden, den Strudel einrollen. Mit flüssiger Butter bestreichen, im vorgeheizten Rohr bei 190 °C ca. 30 Minuten goldgelb backen. Vor dem Portionieren ca. 10 Minuten rasten lassen. Mit Staubzucker bestreuen und mit Vanillesoße oder süßem Sauerrahm servieren.
Vanillesoße: Alle Zutaten unter ständigem Rühren aufkochen lassen.

Topfennockerl mit Erdbeer-Rhabarber-Ragout

Nockerl
250 g Topfen
1 Ei
100 g Mehl
1 Prise Salz

Erdbeer-Rhabarber-Ragout
150 g Erdbeeren
150 g Rhabarber
80 g Zucker
1 Schuss Weißwein
etwas Wasser
ein Schuss Lavendelsirup

Nockerl: Für den Topfenteig alle Zutaten vermischen und etwa 20 Minuten rasten lassen, da sich der Teig dann leichter weiterverarbeiten lässt. Danach aus dem Topfenteig mit einem oder mit zwei Löffeln Nockerl formen und direkt in kochendes Wasser setzen. Die Köchin empfiehlt, die Löffel nach jedem Nockerl ins Wasser zu tauchen, damit kein Teig kleben bleibt. Die Nockerl etwa 10 Minuten leicht köcheln lassen. Danach herausnehmen, abtropfen lassen und in Butter-Bröseln wälzen.

Erdbeer-Rhabarber-Ragout: Rhabarber schälen und in Stücke schneiden. Erdbeeren waschen, ebenfalls in Stücke schneiden. Einen Teil davon mit Zucker pürieren. Zucker in einem Topf karamellisieren und mit Wasser, Weißwein und Lavendelsirup ablöschen. Den Rhabarber darin aufkochen lassen. Danach die pürierten Erdbeeren, die geschnittenen Erdbeeren und den Rhabarber vermischen.

Auf einem Erdbeersoßenspiegel mit etwas Joghurt anrichten.

Gebackene Mäuse

300 g glattes Mehl
½ Würfel Germ
ca. 150 g lauwarme Milch
3 Dotter
50 g Staubzucker
½ P. Vanillezucker
Schale einer Biozitrone
2 EL Rum
50 g lauwarme Butter
1 Prise Salz
evtl. 30 g eingeweichte Rosinen
  oder 100 g Apfelwürfel
Pflanzenöl zum Backen

50 ml warme Milch mit Germ, 1 Prise Zucker und etwas Mehl zu einem Brei rühren. Mit Mehl bestauben und mit einem Tuch abdecken. Bei ungefähr 30 °C 30 Minuten rasten lassen, bis sich auf der Oberfläche Risse bilden (= Dampfl).
Danach die Dotter mit Zucker, Salz und den Aromen schaumig rühren. Milch und Rum dazurühren. Mit Butter, dem restlichen Mehl, der Milch und dem Dampfl zu einem glatten, weichen Teig abschlagen (wahlweise mit einem Kochlöffel, Handmixer oder einer Küchenmaschine mit Knethaken).
Dann die Rosinen oder Äpfel dazugeben. Wiederum bestauben, abdecken und an einem warmen Ort gehen lassen, bis sich das Volumen um ein Drittel vergrößert hat.
In einem hohen, breiten Topf Fett langsam auf 160 °C erhitzen. Einen Löffel in das heiße Fett tauchen und Nockerl abstechen. Rundum goldbraun backen, abtropfen lassen, bezuckern und am besten noch lauwarm genießen.

Polsterzipf, auch „Hasenöhrln" genannt

Polsterzipf
200 g Mehl
100 g Butter
2 Eier
2 EL Sauerrahm
1 Prise Salz
Fett zum Backen

***Polsterzipf-Variante
Zutaten für 20 Stück***
250 g griffiges Mehl
1 Msp. Backpulver
250 g Butter
100 g Staubzucker
1 Dotter
Salz
Zitronenschale
250 g Topfen 20 %
300 g Ribiselmarmelade
 als Fülle

Polsterzipf: Zutaten zu einem feinen Teig verarbeiten, ruhen lassen, auswalken, ausradeln und in Fett backen.

Polsterzipf mit Marmelade: Alle Zutaten zu einem Teig verkneten, eine Rolle formen und rasten lassen. Den Teig ungefähr 3 mm dünn ausrollen und zu Quadraten von 10 cm Länge schneiden. Mit Wasser bestreichen, in die Mitte einen Teelöffel Ribiselmarmelade geben. Zu einem Dreieck zusammenschlagen und bei 200 °C backen.

Ein Tipp! Die Schülerinnen und Schüler servieren ihre Polsterzipf mit Vanillesauce.

Esterházytorte

je 300 g Eiklar, Kristallzucker,
  geriebene Haselnüsse

Creme

240 ml Milch
60 g Zucker
1 P. Vanillezucker
1 Dotter
30 g Vanillepuddingpulver
300 g Butter
65 g Haselnussnougat

Spritzschokolade
50 g Zartbitterschokolade
10 ml Öl

Marillenmarmelade
Fondant weiß
geröstete, gehobelte Mandeln

Eiweiß mit Zucker zu Schnee schlagen, dann Nüsse einmelieren. Masse auf Backpapier in 7 dünne Tortenblätter à 23 cm Durchmesser aufstreichen. Bei ca. 170 °C ca. 25 Minuten backen.
60 ml Milch mit Puddingpulver und Eigelb glatt rühren. Die restliche Milch mit Zucker und Vanillezucker aufkochen. Die Cremepulvermischung zugeben und unter ständigem Rühren gut durchkochen. Anschließend in der Rührmaschine kalt rühren. Die Butter in Stücken und das Haselnussnougat zugeben, alles gemeinsam schaumig rühren.
Tortenblätter abwechselnd mit der Creme zusammensetzen, Deckblatt mit der glatten Seite nach oben auflegen – kühlen. Oberfläche aprikotieren und mit Fondant dünn glasieren.
In den noch weichen Fondant mit Spritzschokolade gleichmäßige Linien aufziehen. Dann mit einem kleinen, spitzen Messer erst von oben nach unten ziehen und dann von unten nach oben. Die Torte seitlich mit gerösteten und gehobelten Mandeln einstreuen.

Ein Tipp! **Das Verzieren sieht man am Besten im Video auf meinhofer.at/Genusswelt.**

Eis aus Veilchen

Veilchensirup

1 kg Zucker
1 l Wasser
30 g Zitronensäure
100 g getrocknete Veilchen oder
  200 g frische Veilchen

Zutaten für eine 5-Liter-Wanne Eis

3 l Wasser
650 g Zucker
100 g Zitronensaft
800 g Veilchensirup
400 g biologisches Eisbinde-
  mittel

Veilchensirup: Wasser zum Kochen bringen und Zucker dazugeben, beim Abkühlen die Zitronensäure einrühren und über die Veilchen gießen. Mindestens 2 und maximal 4 Tage ziehen lassen. Anschließend den Sirup durch ein Passiertuch drücken.

Eis: Alle Zutaten miteinander verrühren und am Schluss den Veilchensirup dazugeben. Diesen Mix in den Kühlschrank stellen oder in einer Eismaschine rühren, bis eine schöne, cremige Eismasse entsteht. Dekoriert wird das Eis mit frischen oder kandierten Veilchen.

Wie viel Veilchen-Eis Kaiserin Sisi in Laxenburg tatsächlich gegessen hat, ist übrigens nicht überliefert.

Wachauer Marillenknödel

Zutaten für 20–25 Knödel
frische Marillen
400 g glattes Mehl
400 g griffiges Mehl

1 kg Bäckertopfen (20 %)
200 g Butter
4 Eier
1 Prise Salz

Rum
Semmelbrösel
Kristallzucker
Vanillezucker

Topfenteig: Mehl mit Topfen, Butter und Eiern verkneten, bis eine homogene Masse entsteht. Der Teig ist dann fertig, wenn er nicht mehr an den Fingern klebt. Für etwa 3–4 Stunden im Kühlschrank kühl stellen.

Währenddessen werden die Marillen zubereitet. Die Marillen sollten nicht zu weich sein. Zunächst werden sie entkernt. „Da nimmt man am besten einen Holzkochlöffel von der Oma. Mit dem Stiel kann man den Kern leicht herausdrücken", verrät Küchenchef Philipp Essl. Statt der Kerne werden die Marillen mit Würfelzucker befüllt und danach ½ Stunde ins Gefrierfach gelegt, so kann man sie anschließend einfacher verarbeiten.

Nun werden die Knödel gedreht. Wie viel Teig man verwendet, ist laut Küchenchef Essl reine Geschmacksache. „Als Grundregel nimmt man 80–90 Gramm Teig pro Marille. Da kann man nichts falsch machen. Wichtig ist nur, dass nirgends im Teig ein Riss ist, ansonsten gehen die Knödel beim Kochen auf", so Essl.

Jetzt einen großen Topf Wasser zum Kochen bringen und 1 Prise Salz hineingeben. „Das ist immer wichtig bei Mehlspeisen, weil das den Eigengeschmack fördert", weiß der Koch. Dann gibt man 1 Schuss Rum ins Wasser und lässt die Knödel 20–25 Minuten köcheln.

Butterbrösel: In der Zwischenzeit kann man die Butterbrösel in der Pfanne zubereiten. Hier ist wichtig, Butter zu verwenden und keine Margarine oder ein anderes Fett. Die Butter kurz aufschäumen lassen und die Brösel einrühren. Sie sollten am Ende nicht zu trocken und nicht zu fett sein. Dann Kristallzucker und Vanillezucker dazugeben und langsam zu goldbrauner Farbe verrösten. Achtung, die Brösel werden schnell schwarz!

Am Ende die Wachauer Marillenknödel in den Bröseln wenden und auf einem Teller mit Marillenröster anrichten.

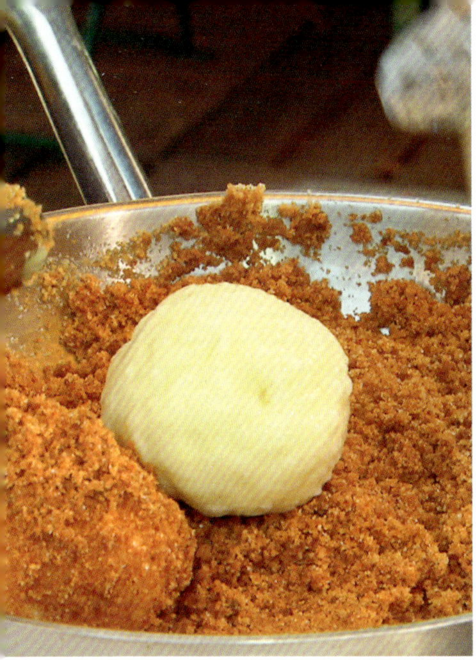
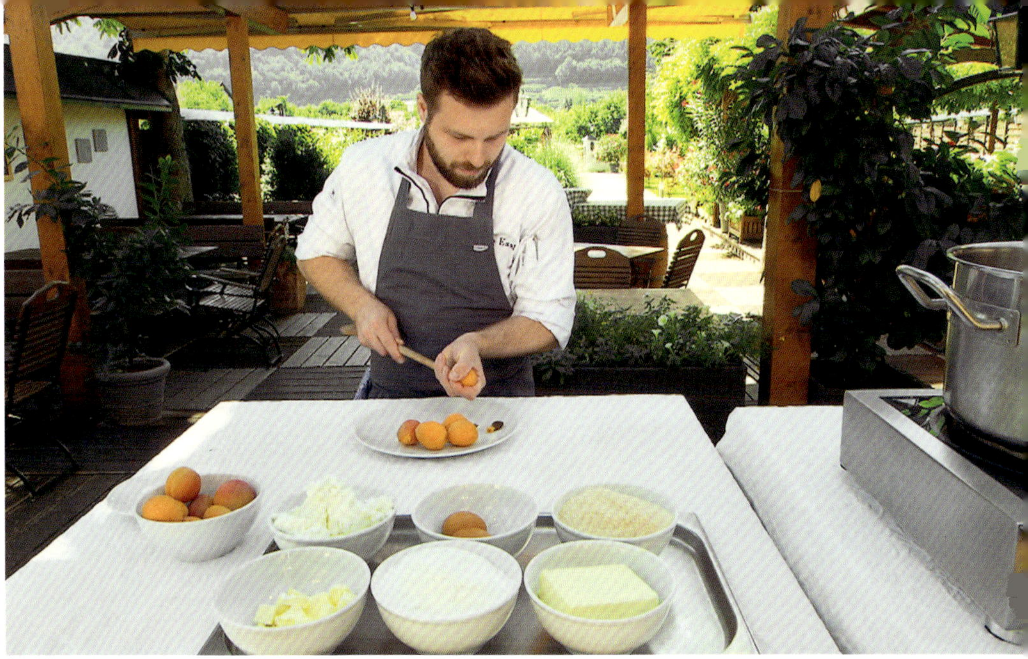
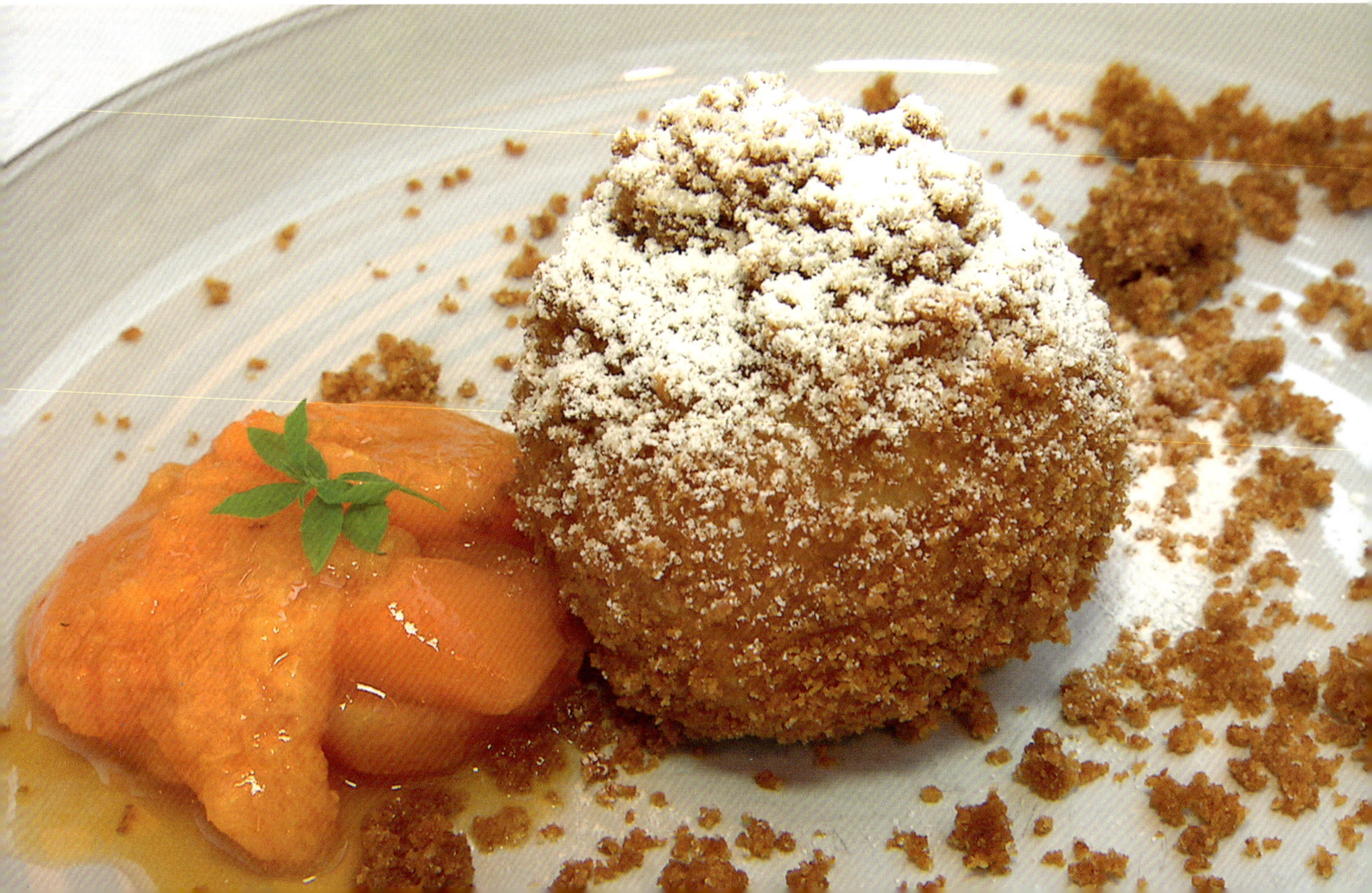

Nussstrudel

Teig
560 g Mehl
30 g Hefe
6 Dotter
100 g Zucker
70 g Butter
1 Prise Salz
Milch nach Bedarf

Füllung
Nach Belieben
300–700 g Nüsse
200–300 g Zucker
Milch

Teig: Mit einem Teil Mehl, der Hefe und etwas Milch wird ein Dampfl angesetzt. Dieses für 30–45 Minuten warm stellen. Dann mit den restlichen Zutaten vermischen und gut durchkneten. Den Teig 45 Minuten an einem warmen Ort rasten lassen. Währenddessen kann die Füllung vorbereitet werden.
Strudel: Die Zutaten für die Fülle anrühren und leicht aufkochen lassen. Den Teig ausrollen, die Fülle darauf verteilen und den Strudel rollen. Durch das sogenannte Stupfen – also das Stechen von Löchern in den Teig – kann Dampf entweichen und der Strudel reißt nicht so leicht. Bei 175 °C wird der Strudel 45 Minuten im Ofen gebacken.

Mohnwirt Neuwiesinger · Sallingberg

Mohnknödel mit Hollerkoch

Zutaten für 12 Knödel
Teig
½ kg gekochte,
  passierte Erdäpfel
1 Ei
1 EL Butter
250 g Mehl
1 Prise Salz

Fülle
250 g Waldviertler
  Graumohn
80 g Butter
2 EL Zucker
1 EL Mohnhonig
etwas Milch

1 P. Vanillezucker
Rum
Zimt
Powidl
Brösel
Butter

Hollerkoch
300 g Hollerbeeren
ca. ¼ l Wasser
3 EL Zucker
½ Zimtstange
3 Gewürznelken
⅛ l Rotwein
2 EL Mehl
4 EL Obers

Mohnknödel: Aus den Teigzutaten einen Erdäpfelteig bereiten. Für die Fülle Butter zergehen lassen und mit den übrigen Zutaten vermengen. Den Teig in ca. 12 Stücke teilen, flachdrücken, füllen und zu Knödeln formen. In Salzwasser ca. 15 Minuten leicht kochen lassen. Brösel in Butter anrösten und die fertigen Knödel darin wälzen.

Hollerkoch: Holler mit Wasser, Zimtstange, Gewürznelken und Zucker aufkochen. Mehl in Rotwein verrühren und mit den Holunderbeeren einige Minuten weiterköcheln lassen. Mit Obers verfeinern.
Die Knödel anrichten, mit Staubzucker bestreuen und mit Hollerkoch servieren.

Kletzenbrot

Früchteansatz

150 g Bio-Kletzen
  (Hirschbirnen, auf-
  gekocht und weich, in
  groben Stücken)
75 g Bio-Feigen,
  halbiert
125 g Bio-Pflaumen,
  ganz
70 g Bio-Rosinen
50 g Bio-Mandeln
70 g Bio-Haselnüsse,
  ganz
5 g Bio-Zimt
25 ml Rum
65 g Bio-Feinkristall-
  zucker

Hauptteig

200 g Bio-Roggenmehl
  (Type 960)
50 g Bio-Weizenmehl
  (Type 480 od. 1600)
5 g Salz
16 g Backprofis
  Bio-Roggen-
  vollkornsauerteig
5 g Speiseöl
1 P. Bio-Trockenhefe od.
  ½ Würfel frische Hefe
190 g Wasser (34 °C)

Für den Früchteansatz alle Zutaten vermengen und mindestens 12–24 Stunden ziehen lassen.

Alle Zutaten des Hauptteiges vermischen und den Teig zunächst 5 Minuten langsam, dann 4 Minuten intensiver kneten und schließlich 2 Minuten lang die Früchte unterheben. Die gesamte Knetzeit beträgt also 11 Minuten. Die Teigruhe nach dem Kneten beträgt 30 Minuten, die Gehzeit vor dem Backen 30–45 Minuten. Vor dem Backen mit Wasser besprühen, mit Mandelkernen dekorieren und mit einer Nadel jede Menge Löcher in das Brot stechen. Die Backzeit beträgt 30–35 Minuten bei 220 °C Heißluft, fallend auf 175 °C.

Lebkuchen

200 g Honig
80 g Zucker
60 g Butter
50 ml Wasser
500 g Mehl
1 TL Zimt
2 Eier
5 g Pottasche
50 g Ammonium
50 g Lebkuchengewürz
geriebene Orangenschale

Honig, Zucker, Butter und Wasser aufkochen lassen, mit Mehl, Zimt, Eiern, Lebkuchengewürz und in 1 EL Wasser aufgelöster Pottasche gut vermengen. Dabei exakt auf die Mengenangaben achten.

Nachdem der Lebkuchenteig über Nacht seine Ruhe gefunden hat, wird der Teiglaib auf einer bemehlten Fläche ausgerollt, mit Keksausstechern oder Lebkuchen-Modeln kunstvoll bearbeitet und nach Belieben verziert.

Nun kommen die kleinen Kunstwerke in den auf 180 °C vorgeheizten Backofen und backen auf Sicht. Wenn die Lebkuchen eine schöne Farbe haben, kommen sie aus dem Rohr, werden mit Ei bestrichen und können weiter verziert werden.

Pinzgauer Moosbeermuas

500 g glattes Mehl
1 TL Salz
750 ml kochendes Wasser
250 g Butter
Heidelbeeren (es können auch
  Kirschen oder Äpfel verwendet
  werden, allerdings müssen die
  vorgedünstet werden)

Bei den Zutaten handelt es sich um ungefähre Mengen-angaben, denn das Pinzgauer Muas wird meist nach Gefühl zubereitet.

Mehl und Salz in eine Schüssel geben und das kochende Wasser einrühren. Der Teig soll dann noch etwas mehlig sein. In einer Pfanne die Butter erhitzen, den Teig kurz anbacken und die Masse auf mittlerer Flamme mit einem Muaser (Holz-spachtel) immer wieder wenden und zerkleinern.

Danach die Heidelbeeren untermengen, zuckern und in der Pfanne servieren.

Ein Tipp! **Dazu passt Vanilleeis.**

Wiener Apfelstrudel

Teig für 10 Personen
210 g glattes Mehl
42,5 g Tafelöl
95 g lauwarmes Wasser
2 g Salz
1 kleines Ei

Fülle
1,7 kg säuerliche Äpfel (z. B.
  Golden Delicious), blättrig geschnitten
25 g Zitronensaft
65 g Zimtzucker
35 g gehackte Walnüsse
35 g Rumrosinen
65 g Kristallzucker
eine Msp. Zimt
etwas flüssige Butter

Butterbrösel
100 g Semmelbrösel
50 g Butter
50 g Kristallzucker
5 g Vanillezucker

Für den Teig das Mehl mit dem Öl, dem Wasser, 1 Prise Salz und dem Ei in eine Küchenmaschine (falls vorhanden) geben und so lange mit dem Knethaken bearbeiten, bis ein samtweicher Teig entstanden ist. Den Teig zu einer Kugel formen, in Frischhaltefolie einwickeln und mindestens 1 Stunde lang gekühlt rasten lassen.

Inzwischen die Äpfel blättrig schneiden, mit Zitronensaft vermischen und die Butterbrösel zubereiten. Dafür die Butter in einem Topf heiß werden lassen und die Brösel darin rösten, mit Zucker und Vanillezucker süßen.

Nach der Ruhephase den Teig gut mit Mehl bestauben und mit einem Rollholz länglich ausrollen. Ein großes Tuch mit Mehl stauben und den Strudelteig so dünn wie möglich auf eine Größe von 60 × 70 cm ausziehen. Dabei die Handrücken verwenden, nicht die Finger, um den Teig nicht zu durchlöchern. Den Teig mit flüssiger Butter beträufeln und auf einem Teigstreifen die Butterbrösel verteilen. Darauf die geschnittenen Äpfel geben, dann den Zimtzucker, die Walnüsse und zum Schluss die Rumrosinen.

Mithilfe des Tuches den Teig einrollen, auf ein mit Backpapier belegtes Backblech legen und nochmals mit flüssiger Butter bestreichen. Im vorgeheizten Backrohr bei ca. 200 °C ungefähr 30 Minuten goldgelb backen. Den Strudel auskühlen lassen, aufschneiden und mit Staubzucker bestreut und einem Gupf Schlagobers servieren.

Ein Tipp! **Das Geheimnis des guten Apfelstrudels liegt für Backstubenleiter Eugen Jandl in der Zubereitung des Teiges, der so dünn sein soll, dass man durch ihn eine Zeitung lesen kann.**

⇦ links: Moosbeermuas; rechts: Apfelstrudel

Schoko-Kirsch-Schnitte

Boden
175 g Butter
55 g Staubzucker
8 Eier
175 g Kochschokolade
240 g Zucker
175 g Mehl
Salz
1 P. Vanillezucker

Kirschen
700 g Kirschen, frisch oder aus
 Kompott
½ l Kirschensaft
1 P. Vanillepuddingpulver
evtl. 20 ml Kirschlikör

Schokocreme
600 ml Schlagobers
200 g dunkle Schokolade

Oberscreme
500 ml Schlagobers
2 P. Sahnesteif
15 g Zucker
evtl. 2 EL Kirschwasser

Boden: Butter, Staubzucker, Salz und Vanillezucker sehr schaumig rühren. Eier trennen, Dotter nach und nach zugeben, dann die erweichte Kochschokolade langsam einfließen lassen und schaumig rühren.
Eiweiß mit Zucker schmierig schlagen, ⅓ der Schneemenge unter die Schokomasse heben.
Dann Mehl und Schnee abwechselnd vorsichtig unter die Buttermasse½½ ziehen.
Auf ein Kuchenblech (ca. 20 × 40 cm) streichen und im Heißluftherd bei 170 °C ca. 35 Minuten backen.
Kirschen: Den Kirschsaft mit dem Puddingpulver zu einem Pudding einkochen, die Früchte einrühren und eventuell Kirschlikör dazugeben.
Schokocreme: Obers mit Schokolade kurz aufkochen, mit dem Stabmixer mixen und über Nacht in den Kühlschrank stellen. Am nächsten Tag die Creme aufschlagen.
Oberscreme: Zutaten aufschlagen und am Ende Kirschwasser hinzufügen.
Zusammenstellen der Schnitte: Kuchenboden aus dem Blech stürzen und mit einem Messer waagrecht in zwei Teile schneiden. Die obere Hälfte vorsichtig abheben und den Boden mit einem Backrahmen umstellen. Die etwas abgekühlte Kirschmasse auf dem Boden verteilen und stocken lassen. Die Schoko-Oberscreme aufschlagen und auf die Kirschmasse streichen. Den zweiten Teil des Bodens aufsetzen und in den Kühlschrank stellen. Vor dem Verzehr mit Oberscreme und Kirschen verzieren.

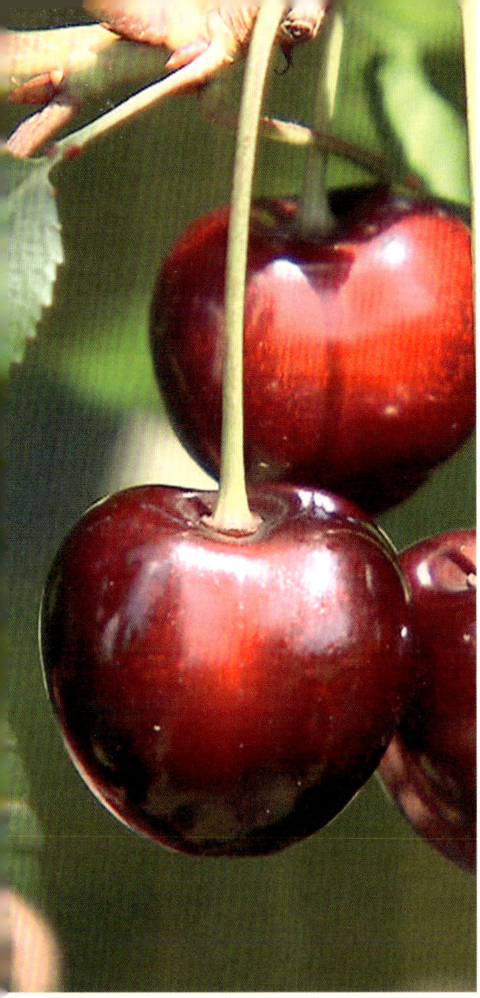
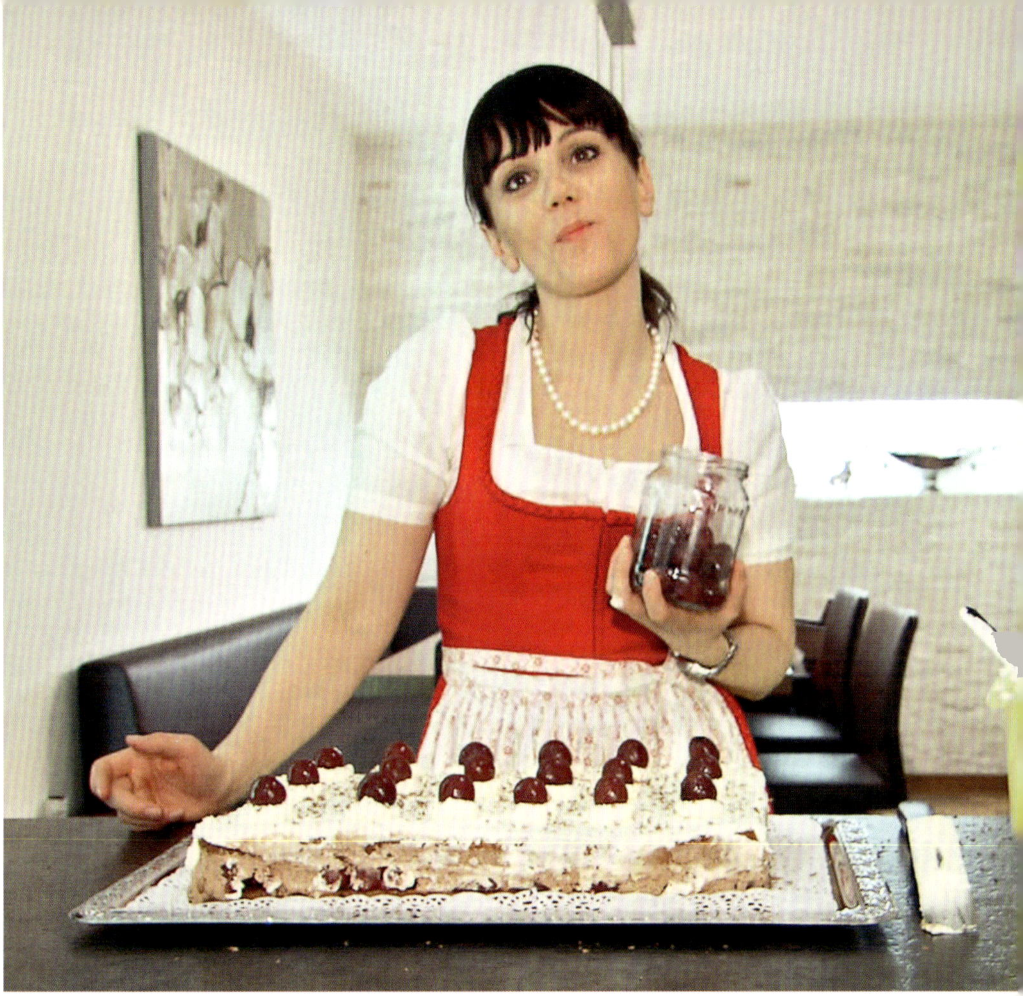
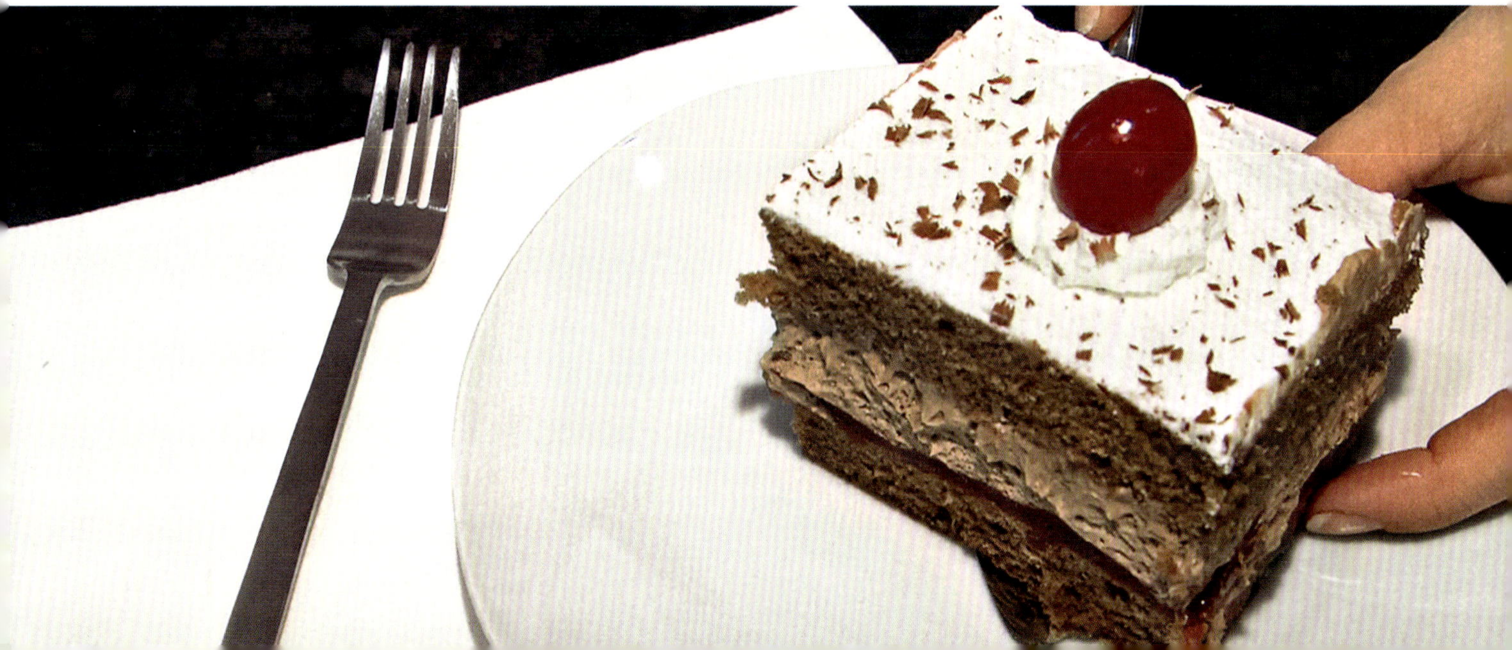

Kärntner Eisreindling mit Grantnschleck

Krokant
50 g Kristallzucker
100 g geriebene Haselnüsse
etwas Öl zum Bestreichen der
 Form

Rumrosinen
100 g fein geschnittene Rosinen
1 Schuss Rum

Parfaitmasse
1 Ei
1 Dotter
60 g Kristallzucker
200 ml Schlagobers
Silikon-Mini-Gugelhupf-Formen

Grantnschleck
200 g Schlagobers
100 g Grantnmarmelade
 (= Preiselbeermarmelade)

Krokant und Rumrosinen: Für den Krokant lässt Adele Gnamusch Kristallzucker in einem Topf karamellisieren. Nicht zu heiß, so der Tipp der Chefköchin, sonst verbrennt der Zucker, dann schmeckt er bitter. Mit einem Holzkochlöffel (ansonsten klebt der Zucker an) rührt sie den karamellisierten Zucker auf, dazu kommen geriebene Haselnüsse. Gut durchmischen. Danach kommt die Masse in eine Metallschüssel, die zuvor mit Öl ausgestrichen wurde. So klebt nichts an. Masse gut durchkühlen lassen. Dann in grobe Stücke schneiden und in einem Mörser zu feinem Krokant verreiben. Für die Rumrosinen die getrockneten Weinbeeren grob hacken, in einem Schuss Rum einlegen und durchziehen lassen.

Parfait: Das Ei, 1 Dotter und den Kristallzucker in eine Metallschüssel geben und über Wasserdampf aufschlagen. „Aber nicht zu heiß", empfiehlt Adele Gnamusch, denn sonst habe man süße Eierspeis und keinen Eisreindling. Wenn die Masse schaumig geworden ist, vom Wasserbad nehmen und kalt schlagen, bis das Parfait sämig ist.

Die Masse schichtweise mit Krokant und Rumrosinen in Mini-Gugelhupf-Förmchen füllen, ideal sind je 2–3 Schichten. Die Förmchen auf der Arbeitsfläche klopfen, damit letzte Luftbläschen entweichen, die sonst unschön ausschauen. Dann kommen die Formen für mindestens 2 Stunden in den Tiefkühler. So lässt sich das Dessert wunderbar vorbereiten.

Grantnschleck: Schlagobers standfest aufschlagen und ein wenig Preiselbeermarmelade oder, wie es auf Kärntnerisch heißt, Grantnmarmelade unterheben.

Anrichten: Angerichtet wird der Eisreindling auf einem Spiegel von Preiselbeermarmelade, daneben kommen Nockerl aus Grantnschleck und verziert wird der Teller mit Veilchenblüten und Zitronenmelisse.

Alpengasthaus zum Gregorhansl  Hollenegg

Alle Jahreszeiten

Apfeltommerl

⅜ l Milch
225 g Mehl
3 EL Zucker
3 Eier oder 4 Dotter
2½ EL Butter
1 Handvoll Rosinen
1 Prise Salz
5 Äpfel (Kronprinz Rudolf)

Milch, Mehl, Zucker, Ei oder Dotter, Butter (flüssig), Rosinen und Salz miteinander vermengen. Äpfel schälen und entkernen, in Stücke oder Scheiben schneiden und unter den Teig mischen.
Eine Auflaufform mit Butter einfetten, die Masse hineingeben und bei 170–175 °C etwa 1 Stunde lang backen. Aus der Form stürzen und mit Zimt und Zucker bestreuen.

Unser Tipp! **Ein unaufwändiges Rezept für die spontane Lust auf Süßes, da die Zutaten für die knusprig-flaumige Nascherei meistens zu Hause sind.**

Kaiserschmarrn mit Vanilleeis

Kaiserschmarrn

¼ l Milch
6 Dotter
180 g Mehl
Salz
6 Eiweiß
50 g Zucker
Butterschmalz
Früchte nach Geschmack (sommerlich mit Heidelbeeren oder klassisch mit Rosinen)

Vanilleeis

1 l Milch
½ l Obers
6 Dotter
2 ganze Eier
400 g Zucker
1 Vanilleschote
Rum

Kaiserschmarrn: Mehl, Dotter und Milch gut verrühren. Eiklar, Zucker und Salz zu einem cremigen, nicht zu festen Eischnee schlagen, gefühlvoll unter die Masse heben. Kurz in der Pfanne mit Butterschmalz anbacken, dann ebenfalls nur kurz in den Backofen geben, herausnehmen, mit Heidelbeeren bestreuen und beidseitig goldgelb fertigbraten. Mit zwei Gabeln zerreißen und zum Schluss mit Kristallzucker karamellisieren.

Vanilleeis: Milch und Obers aufkochen, Dotter, Eier und Zucker schaumig aufschlagen, ca. 1 Minute lang unter die kochende Masse rühren, danach im kalten Wasserbad unter ständigem Rühren rasch abkühlen. Vanilleschote ausstreifen, Mark und Rum dazugeben und in einer Eismaschine gefrieren.

Geflochtenes Osterkipferl

Zutaten für 2 Stück
600 g glattes Weizenmehl
2 Eier
160 g Wasser
85 g Butter oder Margarine
60 g Zucker
12 g Salz
30 g Hefe

Aus den Zutaten einen Teig herstellen und 30–45 Minuten zugedeckt ruhen lassen. Danach 12 Teigstücke à ca. 85 g auswiegen und Kugeln formen. Wieder ruhen lassen.

Nach weiteren 15–30 Minuten aus den Kugeln Strangerl rollen und je 6 Strangerl zu 2 Striezeln flechten.

Die fertigen Kipferl wieder 60 Minuten ruhen lassen. Danach entweder mit Ei bestreichen oder 5 Minuten vor dem Einschieben eine Schale mit Wasser in den Ofen stellen, dadurch entsteht Wasserdampf. Dann bei 180 °C backen. Je nach gewünschter Farbe beträgt die Backzeit 25–35 Minuten.

Ein Tipp! **Die Strangerl oben zusammendrücken und während des Flechtens mit einem Gewicht beschweren.**

Glossar

einen Teig abtreiben: weiche Butter flaumig rühren und dann nach und nach die übrigen Zutaten hinzufügen.

al dente: bissfest; fertig gekocht, aber nicht zu weich

auf Sicht backen: das Backgut unter Beobachtung halten und nicht nur auf die Temperatur- und Zeitangaben vertrauen

bis zur Rose abziehen: allmähliches Eindicken einer Creme im Wasserbad

Bottarga di Muggine: getrocknete Fischeier der Meeräsche

Bräter: Schmortopf

Brunoise: möglichst klein geschnittene Würfel

Burrata: italienischer Frischkäse, dem Mozzarella ähnlich, aber mit cremigem Inneren

Dampfl: Vorteig eines Gemteigs, Mischung aus lauwarmer Milch, etwas Zucker und Germ

doppelgriffiges Mehl: etwas groberes Mehl als griffiges Mehl

Erdäpfel: Kartoffeln

Flotte Lotte: handbetriebenes Passiergerät, Passiermühle

Germ: Hefe

Hefe: Germ

Grantn: Preiselbeeren

Graukäse/Graukas: typischer Tiroler Sauermilchkäse mit geringem Fettgehalt

indirekt grillen: Grillgut liegt nicht direkt über der Glut

Karkasse: Gerippe von Tieren

Kärntner Laxn: spezielle Art der Seeforelle

Kasebolla: leicht säuerlicher Frischkäse von der Kuh, auch Zigolan genannt, Osttiroler Spezialität

Läuterzucker: farbloser, reiner Zuckersirup, der aus raffiniertem Zucker und Wasser hergestellt wird

Maiwipferl: junge Triebe von Fichte oder Tanne

montieren: eine Soße mit kalten Butterstückchen binden, wodurch sie sämig wird

nappieren: mit Soße bedecken

Obers: Schlagobers, Schlagrahm, Sahne

reduzieren/einreduzieren: starkes Einkochen von Flüssigkeiten, wodurch der Geschmack intensiviert wird

Salamander: flacher Ofen mit starker Oberhitze

saurer Käse/sura Kas: Sauermilchkäse aus dem Vorarlberger Montafon, ähnlich dem Tiroler Graukäse

Sauteuse: Schwenkpfanne mit hohem Rand

Schmetterlingsschnitt: Technik zum Schneiden von Fleisch, die besonders große Stücke ergibt

Schöberl: eckig geschnittene Suppeneinlage aus salzigem Biskuit

Teig schleifen: rund machen von Teiglingen

Adressen der angeführten Gasthäuser, Produzenten und Köche

Almstubn
Seekarstraße 32
5562 Obertauern
www.seekarhaus.at
⇨ Seite 37

Alpengasthaus zum Gregorhansl
Kruckenberg 19
8541 Hollenegg
www.alpengasthaus.com
⇨ Seite 114

Alpenhaus Kitzbüheler Horn
Kitzbüheler Horn 7
6370 Kitzbühel
www.alpenhaus.at
⇨ Seite 90

Altes Brauhaus
Kirchenplatz 27
7132 Frauenkirchen
www.altesbrauhaus.at
⇨ Seite 34

Apfelschenke Pauliwirt
Dorfplatz 1, 9423 St. Georgen
⇨ Seite 92

Bäckerei Herwig Dorfstetter
2872 Mönichkirchen Nr. 83
www.wechsellandbaecker.at
⇨ Seite 116

Berghof „Genusswerkstatt"
Reutestraße 54a
6845 Hohenems
www.die-genuss-werkstatt.at
⇨ Seite 44

Bäckerei Kleestorfer
Werkstraße 13
4300 St. Valentin
⇨ Seite 94

bertlwiesers – Rohrbachs bierigstes Wirtshaus
Stadtplatz 34a
4150 Rohrbach-Berg
www.bertlwiesers.at
⇨ Seite 48

biochi
Martin-Luther-Straße 32
8970 Schladming
www.biochi.at
⇨ Seite 32

Bliems Wohnreich
Erzherzog-Friedrich-Straße 40
7131 Halbturn
www.bliems.com
⇨ Seite 77

Brentenjochalm
Stadtberg 9
6330 Kufstein
⇨ Seite 14

Buschenschank Wieninger am Nussberg
Eichelhofweg 125
1190 Wien
www.wieninger-am-nussberg.at
⇨ Seite 25

Cafe-Bar-Restaurant Sonnenblumen
Hauptstraße 38
7062 St. Margarethen im Burgenland
www.sonnenblumen.at
⇨ Seite 54

Der Gannerhof
Gasse 93
9932 Innervillgraten
www.gannerhof.at
⇨ Seite 52

Der Jägerwirt
Kasern 4
5101 Bergheim
www.jaegerwirt-salzburg.at
⇨ Seite 10

Der Reisinger am Neufelder See
Eisenstädter Straße 35
2491 Neufeld an der Leitha
www.der-reisinger.at
⇨ Seite 52

Dogana
Neustadt 20
6800 Feldkirch
www.dogana.com
⇨ Seite 21

Eissalon Laxenburg
Hofstraße 7
2361 Laxenburg
www.eis-laxenburg.at
⇨ Seite 101

Felmayer's Gastwirtschaft
Neukettenhoferstraße 2–8/1
2320 Schwechat
www.felmayer.at
⇨ Seite 9

Figlmüller
Bäckerstraße 6
1010 Wien
www.figlmueller.at
⇨ Seite 70

Firlingerhof
Rexham 27
4612 Scharten
www.firlingerhof.at
⇨ Seite 110

Hotel Krone
Kronengasse 1, 6780 Schruns
www.kroneschruns.at
⇨ Seite 68

Hotel Restaurant Dreiländerblick
Oberfallenberg 14
6850 Dornbirn
www.dreilaenderblick.at
⇨ Seite 47

Huberbräustüberl Kitzbühel
Vorderstadt 18
6370 Kitzbühel
⇨ Seite 8

Humlerhof
Nösslach 483
6156 Gries am Brenner
www.humlerhof.com
⇨ Seite 83

Elfriede Jäger
Matzendorf
3304 St. Georgen/Y.
⇨ Seite 92

Kaefers Essen, Trinken, Naschen
Im Hatric 12, Top 16
8230 Hartberg
www.kaefers.at
⇨ Seite 107

Knödelmanufaktur
Zwettler Straße 33
3804 Allentsteig
www.klang-knoedel.at
⇨ Seite 51

Kochwerkstatt
Benediktinerplatz Stand 15/16
9020 Klagenfurt
⇨ Seite 57

Konditorei Koppitz
Hauptstraße 52
8472 Straß in Steiermark
www.konditorei-koppitz.at
⇨ Seite 93

Konditorei-Kaffee Zauner
Pfarrgasse 7
4820 Bad Ischl
www.zauner
⇨ Seite 115

KräuterWirt
Guttenbrunn 18
4242 Hirschbach
www.kräuterwirt.at
⇨ Seite 11

K. u. K. Hofzuckerbäcker Demel
Kohlmarkt 14
1010 Wien
www.demel.com
⇨ Seite 109

Landgasthaus Essl
Rührsdorf 17
3602 Rossatz
www.winzerstueberl.at
⇨ Seite 102

Landgasthof Puck
Zollfeld 1
9063 Maria Saal
www.puck.co.at
⇨ Seite 13

Landgasthof Restaurant Willingshofer
Gasen 15
8616 Gasen
www.willingshofer.at
⇨ Seite 87

Landgasthof Riegerbauer
Hoferbergweg 12
8222 St. Johann bei Herberstein
www.riegerbauer.at
⇨ Seite 53

Landhotel Hauserbauer
Bergl 15
5632 Dorfgastein
www.hauserbauer.com
⇨ Seite 91

Landwirtschaftsbetrieb Geißegger
Hauptstraße 44
7521 Bildein
⇨ Seite 45

Larchnhittl
Glungezerstraße 2
6075 Tulfes
⇨ Seite 21

Monika Liehl
Friedhofstraße 10
7111 Parndorf
www.ziegenliebe.at
⇨ Seite 29

Lindenhof
Tallach 19
9182 Maria Elend
www.lindenhof-mikula.at
⇨ Seite 97

Millrütte Resort
Millrütte 1
6840 Götzis
www.millruette.at
⇨ Seite 38

Mohnwirt Neuwiesinger
Armschlag 9
3525 Sallingberg
www.mohnwirt.at
⇨ Seite 105

Moserhof
Großwalz 80
8463 Leutschach an der Weinstraße
www.moserhof.at
⇨ Seite 24

Mühlviertler Ölmühle
Stahlmühle 1–2
4170 Haslach an der Mühl
www.oelmuehle-haslach.at
⇨ Seite 46

Oberlaa Konditorei GmbH
Kurbadstraße 12
1100 Wien
www.oberlaa-wien.at
↪ Seite 100

Obwaldhütte
Gargellen 62b
6787 Gargellen
www.obwaldhuette.at
↪ Seite 69

Ofner Der Backprofi
Josefa-Posch-Straße 3
8200 Gleisdorf
www.derbackprofi.at
↪ Seite 106

Katharina Pichler-Steiner
Uttenhofen 1
5760 Saalfelden
www.kinderbauernhof-saalfelden.com
↪ Seite 64

Rankweiler-Hof
Ringstraße 25
6830 Rankweil
www.rankweiler-hof.com
↪ Seite 39

Reisslerhof
Zirting 24
8962 Gröbming
www.reisslerhof.at
↪ Seite 50

Restaurant „der Ringsmuth"
Johannitergasse 1
1100 Wien
www.der-ringsmuth.at
↪ Seite 86

Restaurant Hoagascht
Flachauer Straße 14
5562 Flachau
www.hoagascht.at
↪ Seite 60

Restaurant Motto am Fluss
Franz-Josefs-Kai 2
1010 Wien
www.mottoamfluss.at
↪ Seite 56

Restaurant Schlossberg
Am Schlossberg 7
8010 Graz
www.schlossberggraz.at
↪ Seite 76

Restaurant zur Geierwally
Dorf 40
6652 Elbigenalp
www.zur-geierwally.at
↪ Seite 65

Friedrich Rettig
Lokal wegen Pensionierung
geschlossen
↪ Seite 104

See-Eck
Markt 92
5360 St. Wolfgang
www.see-eck.at
↪ Seite 23

Seehaus
Riegersburg 205
8333 Riegersburg
www.genuss-riegersburg.at
↪ Seite 74

Seewirt-Zauner
Marktplatz 51
4830 Hallstatt
www.seewirt-zauner.at
↪ Seite 73

Katharina Seywald
Gamperstraße Süd 29
5400 Hallein
↪ Seite 22

Sporthotel Frühauf
Innerkrems 7
9862 Kremsbrücke
www.sporthotelfruehauf.at
↪ Seite 30

Suppito – Manufaktur & Shop
Girardigasse 9
1060 Wien
www.suppito.at
↪ Seite 15

Tourismusschulen Bad Leonfelden
Hagauer Straße 17
4190 Bad Leonfelden
www.baletour.at
↪ Seite 98, 99

Trippolt Zum Bären
Hauptplatz 7
9462 Bad St. Leonhard
www.zumbaeren.at
↪ Seite 20

Wirtshaus Gelter
Goggerwenig 8
9300 St. Veit/Glan
www.wirtshaus-gelter.at
↪ Seite 59

Wirtshaus Rohrerhof
Angerberg 9
6233 Kramsach
www. wirtshaus-rohrerhof.at
↪ Seite 16

Zum Fidelen Bauern
Großenschwandt 31
4882 Oberwang
www.fideler-bauer.at
↪ Seite 75

Zum Metzger-Wirt
Koblacher Straße 26
6812 Meiningen
www.herbertsdorfmetzg.at
↪ Seite 35

Rezept-Register

Um die regionale Vielfalt zu erhalten, wurden die individuellen Schreibweisen und Bezeichnungen der Köchinnen und Köche belassen. Falls dies manche Zutat fremd erscheinen lässt, sollte das Glossar zur Aufklärung beitragen.
Die Rezepte sind zwischen 2016 und 2018 für die Sendungen »Guten Morgen Österreich« gekocht worden.
Die ORF-Beiträge zur Zubereitung der Rezepte finden Sie im Internet unter meinhofer.at/Genusswelt.
Die Zutaten sind für vier Personen gerechnet. Falls sich dies unterscheidet, ist es beim Rezept angeführt.

Alle Rechte vorbehalten © 2018 Kral Verlag, Kral GmbH
Für den Inhalt verantwortlich: Die Rechte für alle Rezepte wurden dem ORF freundlicherweise
von den angeführten Beiträgern zur Verfügung gestellt.
Alle Fotos ORF, außer Umschlag vorne und hinten mittig sowie Seite 4/5, 26/27, 86: Stockfood;
Umschlag hinten links: Can Stock Photo/monkeybusiness, Umschlag hinten rechts: Can Stock Photo/margouillat
Seite 33: Can Stock Photo/berndjuergens, Seite 37 rechts: Can Stock Photo/zoryanchik,
Seite 69 links: Can Stock Photo/olhaafanasieva, Seite 81 rechts: Can Stock Photo/tycoon,
Seite 88/89: Can Stock Photo/lebanmax; alle Wappen: Wikicommons gemeinfrei

Projektleitung: Sonja Franzke/vielseitig.co.at
Korrektorat: Gudrun Stecher
Umschlag- und grafische Innengestaltung: buchgestaltung.at
Bildbearbeitung: Pixelstorm

Papier: FSC-Nr. CU-COC-831465
ISBN 978 3 99024 815 7